KB196488

고등학생을 위한
메타인지의 쓸모

- 나를 알고 세상을 배우는 법

프롤로그

✏️ 메타인지란 자신이 아는 것을 정확히 알고, 모르는 것을 파악하는 능력을 말합니다. 메타인지가 뛰어난 사람은 사리판단이 빠르고 정확하기도 합니다. 상황을 객관적으로 파악하니까요. 진정한 나다움은 어떻게 찾을 수 있을까요? 자신을 객관적으로 알고 판단할 수 있어야 합니다. '메타인지'라고도 하죠. '삶의 주인공은 나'라는 생각을 가지고 살아가야 합니다. 내가 좋아하는 것, 잘하는 것을 판단하고 잘 활용할 수 있도록 해야 합니다. 자신의 능력을 키워나가는 것도 메타인지를 통해 더욱 발전시킬 수 있습니다.

메타인지를 잘 활용하면 어렵지 않게 지식을 습득할 수 있습니다. 무엇을 공부하고 어떤 내용에 집중해야 하는지 파악할 수 있기 때문이죠. 강의와 독서를 통해 지식을 얻고, 나만의 방식으로 기록하고 말하는 것은 하루아침에 이루어지지 않습니다. 다양한 연습과 끊임없는 노력으로 노하우를 체득할 수 있으니까요.

다른 사람과의 관계도 메타인지 능력이 필요합니다. 다른 사람이 어떻게 생각하고 있는지를 파악하는 능력이죠. 관계성이 뛰어난 사람을 살펴볼까요? 자신의 생각과 다른 것을 공감하고 함께 이야기하며 소통합니다.

메타인지를 활용하면 어떻게 관계를 관리할 수 있을까요? 다른 사람은 어떻게 생각하고 있는지 알고 이야기하는 것과 모르고 상대를 대하는 것은 큰 차이를 보입니다. 나의 감정에도 솔직할 필요가 있습니다. 혹시 이용만 당하는 것은 아닌지 부당한 대우를 받고 있는지도 확인해 보아야 하고요.

다른 사람의 기분에 모든 것을 맞출 필요는 없습니다. 내 생각과 다르면 나의 생각은 다르다는 것을 말할 필요가 있죠. 자기주도적인 성향이 강한 것으로 비칠 수도 있습니다. 단호하게 생각을 전달해 보세요. 내 생각은 이렇다고 말해보는 겁니다.

100세 시대에 살고 있습니다. 미래 사회를 준비하기 위해 필요한 능력은 무엇일까요? 자신의 꿈을 찾고 자기주도학습을 할 수 있는 비결을 찾아야 합니다. 바로 메타인지를 잘 활용할 수 있어야 하는 거죠. 지금부터 저와 함께 메타인지의 쓸모를 찾아보겠습니다.

2025. 1. 1.
날아라후니쌤 김태훈

제2장 메타인지로 배우는 공부법

제3장 손자병법으로 알아보는 학교생활

제4장 좋은 습관 만들기

제5장 평생학습사회 필요한 메타인지 공부 습관

제1장

메타인지가 뭐인지?

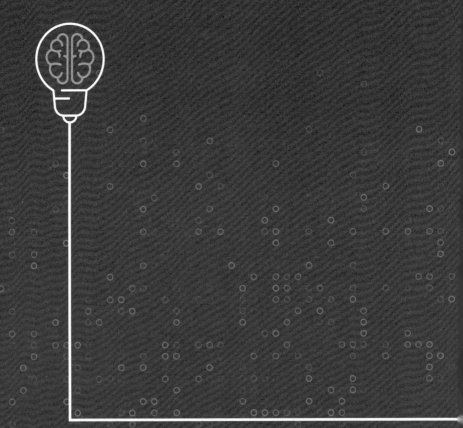

1. 메타인지를 알기 전에

여러분, 꽃사슴을 5번만 외쳐보실래요?

"꽃사슴, 꽃사슴, 꽃사슴, …."

이제 질문 하나 하겠습니다.

산타클로스가 타고 다니는 것은?

정답은 썰매입니다.

　오답을 말한 분들이 있으시나요? 아마 루돌프를 말하셨을 거에요. 전용 비행기는 아니겠죠? 아무튼, 메타인지란 이럴 때 사용하는 겁니다. 외적인 요인("꽃사슴, 꽃사슴 꽃사슴 ….")을 배제하고 정확히 문제를 인지하는 능력을 말합니다. 메타인지가 없다면 누군가의 말에 쉽게 휘둘릴 수도 있습니다. 어찌 보면 지배당할 수도 있습니다. 정치인들이나 방송, 유튜브 매체들은 이 메타인지가 부족한 부분을 잘 건드리기 때문입니다. '프레임'이라는 용어로 말씀드리면 되겠네요. 우리의 생각을 틀 안에 가두는 것이죠.

하나 더 생각해 볼까요?

냉장고가 있습니다. 이 안에 코끼리를 넣어볼 거예요.

그런데 조건이 있습니다. 코끼리를 생각하지 말고 냉장고에 코끼리를 넣는 방법을 생각해 보세요. 3분 드리겠습니다. 3분 뒤에 이후에 아래 내용을 읽어보세요.

어떠신가요? 답을 찾으셨나요? '코끼리는 생각하지 말고'라는 말 때문에 계속 코끼리를 생각하진 않으셨나요?

'왜 코끼리를 생각하지 말란 거지? 그게 뭔 상관이야? 코끼리를 넣으려면 코끼리 생각을 해야 하는 거 아니야?' 어느 순간 코끼리를 냉장고에 넣는 방법은 달아난 지 오래일 겁니다. 그래서 냉장고에 넣을 방법은 … 뭐죠? 정답은 검색으로 알아보시기 바랍니다.

이런 메타인지를 잘 이용하면 자신을 계속해서 올바른 방향으로 자극할 수 있습니다. 소크라테스가 말했죠? 너 자신을 알라고 말이죠. 나를 정확하게 알아야 합니다. 우리가 공부할 때 내가 모르는 것을 알아야 모르는 부분에 시간과 노력을 투자할 수 있습니다. 알고 있는 내용을 계속 들여다보아야 별로 달라지는 것은 없습니다. 공자님이 말씀하신 이야기도 있습니다. "아는 것을 안다고 하고 모르는 것을 모른다고 하는 것 그것이 앎이다."

1) 그릿(GRIT)? 그건 뭐야?

메타인지와 함께 알면 좋을 만한 것으로 '그릿'이란 것이 있습니다. 그릿(GRIT)이란 안젤라 더크워스의 책 『그릿』으로 알려진 말로, 간단히 말해 꾸준하게 노력하는 자세를 말하죠. 어떠한 일을 포기하지 않는 데 필요한 힘이랄까요.

성공하는 사람들은 자신의 능력을 끊임없이 계발합니다. 중학교, 고등학교, 대학교의 공부가 끝나도 또 공부를 하는 거죠. 이렇게 꾸준히 공부하는 것은 그냥 하면 되는 것이 아니라 방법을 알고 체계적으로 준비해야 합니다.

1만 시간의 법칙도 같은 맥락입니다. 어떠한 분야의 전문가가 되는 데 필요한 시간이 1만 시간이라는 것이죠. 2년에서 4년여가 소요됩니다. 대학에서 전공을 공부하는 시간과 비슷합니다. 더 많은 시간과 집중력을 쏟는다면 더 빠르게 목표에 도달할 수도 있습니다.

2) '메타인지'와 '그릿'이 만난다면

이 책에서는 주로 메타인지에 관해 이야기하고 그릿에 관해서도 이야기하려 합니다. 결국, 자신을 돌아보고 내가 부족한 것을 알아낸 후(메타인지), 끊이지 않는 노력을 더한다면(그릿) 공부가 되든, 다른 어떤 분야에서든 성장할 수 있다는 것입니다. 이게 이 책의 중심 주제입니다. 간단하면서 추상적이죠?

뒤에 내용에서는 이 메타인지와 그릿의 다양한 면을 구체적으로 이야기해볼게요.

2. 지금이 '메타인지' 메타인 이유

　　　　　　　메타인지란 자신이 아는 것을 알고, 모르는 것을 아는 것을 이야기합니다. 자기객관화라고 표현하기도 합니다. 쉽게 말해 소크라테스가 이야기했던 "너 자신을 알라."라는 말을 떠올려 보시면 됩니다. 주제를 파악하는 겁니다. 메타인지가 높은 사람은 자신을 객관적으로 볼 수 있습니다. 무엇이 부족한지 알기 때문에 공부할 내용도 빨리 파악할 수 있고요. 창의적이고 융합적인 사고를 통해 새로운 것을 만들어낼 수도 있습니다. 특히 지금, 학생인 우리한테 메타인지를 강조하는 이유가 뭘까요?

1) 공부

　우린 시험을 보기 전에 교과서에 있는 내용을 한 번씩 다 봅니다. 그런데 시험에선 틀리는 것이 꼭 생기죠. 다 보면서 몰랐던 것들을 체크했는데 왜 문제를 풀지 못할까요? 그냥 기억력이 안 좋은 걸까요? 친구는 문제집 몇 번 안 본 거 같은데 성적이 좋은가요? 이건 아마 메타인지의 차이입니다. 우린 사실 공부 내용을 잘 모르는데 아는 줄 '착각'하고 공부하고 있던 겁니다.

'내가 모르는 것을 정확히 아는 것'은 공부를 할 때 큰 도움이 됩니다. 아는 것에 관한 학습을 하는 시간을 줄이고 모르는 것을 알기 위해 집중할 수 있죠.

책을 읽거나 강의를 들으면서 내가 아는 것과 모르는 것을 파악하려면 어떻게 해야할까요? 공부한 내용을 돌아보면서 자신의 언어로 말하거나 글로 쓰는 과정을 통해 지식을 표현해봅시다. 입력만 하고 출력을 하지 않으면 공부가 되지 않습니다.

사람들과 이야기하다가 어떤 단어나 주제에 관하여 알고 있는 것을 설명해보라고 하면 잘하지 못하는 경우가 있습니다. ("그, 그거 있잖아! 그거!") 이유는 단 하나입니다. 정확히 알지 못하는데 알고 있다고 착각을 하기 때문입니다. 몇 번 들어본 단어이니 잘 알고 있다고 착각을 하는 것이죠. 어렴풋이 알고 있는 정도가 아니라 자신의 언어로 말하거나 쓰고 정리할 수 있어야 안다고 이야기할 수 있습니다.

2) 대인관계

메타인지는 대인관계에도 적용할 수 있습니다. 우린 사회에서 다양한 관계를 맺고 살아가게 되는데요. 부모님, 선생님, 친구, 동생, 형, 오빠 등 이 사람들과 원활하게 살아가는 것을 '사회성'이라고 말하기도 합니다. 사회성은 엄밀히 말하면 '사교성'에 가깝죠.

메타인지는 어떤 것을 알고 어떤 것을 모르는지 파악하는 능력이

잖아요? 사람들과의 관계에서 어떻게 하면 사람들이 좋아하고 싫어하는지 아는 것도 메타인지를 통해 얻을 수 있는 능력입니다. 이런 능력이 있다면 서로를 적절히 배려할 수 있고, 이해할 수도 있게 되는 거죠.

우리 생각과 다른 사람의 생각이 다를 수 있습니다. 사람마다 살아온 환경이 다르고 배경 지식이 다르죠. 삶의 목표도 다릅니다. 다양성을 인정하면서 자신의 생각대로 살아갈 수 있는 능력이 필요합니다. 관계를 형성하고 함께 살아가는 데 많은 도움이 되기 때문입니다. 그 과정에서 내 생각을 다른 사람에게 강요할 필요도 없습니다. 더불어 살아가는 사회에 꼭 필요한 능력이라고 할 수 있습니다.

3. 인공지능이 우릴 잡아먹는 시대?

잠깐 다른 얘길 해보겠습니다. 요즘 시대를 인공지능(AI) 시대라고 하죠. 챗GPT가 등장한 지 얼마 되지 않았는데 다양한 분야에서 활용되고 있습니다. 사회가 발전하면서 예전에 있었던 직업들도 조금씩 없어지고, 새로 생겨나게 됩니다. 직장에서의 평균 근속 기간이 짧아지기도 하죠. 우리가 이런 미래 사회를 준비하면서 어떠한 능력을 키워야 할까요?

1) 소통 능력

온라인 세상이 발달하는 것이 무색하게 강조되는 것은 오프라인에서 사람들과의 소통 능력입니다. '사회성'으로 표현되기도 하죠. 다른 사람의 감정과 생각을 읽는 능력이 필요한 겁니다. 필요한 것은 무엇이고 어떠한 것이 필요하지 않은지 파악해야 하는 거죠. 대화를 주고받으며 서로 도움을 주고받습니다. 변화하는 환경에 적응할 수 있도록 하는 거죠. 다른 사람을 배려하고 이해하는 능력이 강조되는 이유입니다.

사람들과의 소통 방법에 익숙한 사람들은 인공지능과 소통할 때도 도움이 됩니다. 인공지능을 활용할 때는 질문을 잘하는 방법을 터득하면 되거든요. 챗GPT에게도 어떠한 질문을 하느냐에 따라서 원하는 답이 나오기도 하고, 그렇지 못한 경우도 있습니다. 인공지능 플랫폼도 사람들이 만들어낸 겁니다. 사람들과의 소통 능력이 인공지능에도 적용되는 이유입니다.

2) 디지털 리터러시

요즘 우리는 유튜브, 릴스, 쇼츠 같은 다양한 플랫폼에서 정보를 많이 접하고 있어요. 그런데 이 정보들이 항상 100% 사실일까요? 사실, 많은 것들이 진짜일 수도 있지만, 그렇지 않은 경우도 많아요. 그래서 디지털 리터러시, 즉 디지털 정보를 비판적으로 보고 평가하는 능력이 중요해요.

우리가 디지털 세상에서 접하는 정보들은 항상 올바른지 아닌지를 잘 판단해야 합니다. 어떤 정보가 진짜인지 아닌지, 또 그 정보가 윤리적으로 맞는지 아닌지를 생각하면서 봐야 해요. 예를 들어, 우리가 인터넷에서 쉽게 접할 수 있는 정보가 사실인지, 그리고 그 정보가 누군가에게 피해를 줄 수 있는지 고민하는 자세가 필요합니다. 이런 시각을 키우는 게 디지털 리터러시의 핵심이에요.

또한, 디지털 정보를 볼 때는 한 가지 시각만 갖고 판단하는 것이 위험할 수 있어요. 우리 모두는 때때로 '인지 편향'이라는 걸 경험해요. 예를 들어, 우리는 자기가 좋아하는 정보만 믿고, 다른 의견은 잘 받아들이지 않으려 할 수 있죠. 이런 시각은 올바른 결정을 내리는 데 방해가 될 수 있습니다.

특히, 요즘 인공지능(AI)에 대한 믿음이 커지고 있지만, 인공지능도 완벽하지 않아요. 때로는 잘못된 정보를 제공할 수 있는데, 이를 '할루시네이션'이라고 해요. 그래서 AI가 이야기하는 정보가 진짜인지 아닌지를 알아내려면 우리가 다양한 지식과 사고를 가지고 있어야 합니다. 결국, 공부를 통해 더 많은 정보를 알고, 비판적으로 사고하는 능력을 기르는 게 중요하죠.

디지털 세상에서 우리가 마주하는 정보는 너무나 많고 빠르게 변해요. 그래서 그 정보를 올바르게 이해하고, 잘 활용할 수 있는 능력, 바로 디지털 리터러시를 키워야 합니다. 디지털 리터러시가 뛰어난 사람은 어떤 정보가 진짜인지, 또 그 정보가 우리가 받아들여야 할지 아닌지를 잘 판단할 수 있게 되겠죠. 그래서 여러분도 지금부터 디지털 리터러시를 키워나가는 것이 정말 중요하답니다!

3) 자기주도적 학습

마지막으로, 미래 사회를 살아갈 때 강조되는 것은 메타인지를 통한 자기주도적 학습이 필요합니다. 좋은 습관을 만들 수 있는 루틴 만들기를 시도해보는 것도 좋습니다. 생활습관이 루틴화되어 있으면 실행력도 향상됩니다. 결과에서 나오는 성공감을 느끼기도 쉽죠.

한 가지 일을 꾸준히 끈기 있게 수행해가는 그릿(GRIT)의 힘도 필요합니다. 좋은 습관을 만들고 수행하면서 발전하게 되거든요. 플래너를 작성하고 계획을 하나하나 수행하면서 수정하고, 또 수행합니다. 이렇게 스스로에 대한 이해가 쌓이면 조금씩 조금씩 계단식으로 성장하게 됩니다. 한 단계씩 상승하면서 자신의 능력이 성장하게 되고요.

우리가 앞으로 살아갈 인공지능(AI) 시대에 꼭 필요한 역량을 살펴보았습니다. 다른 사람들과의 소통 능력이 필요하고요. 사회성이 더욱 강조됩니다. 서로 도움을 주고받으며 살아가야 하거든요. 디지털 리터러시를 통해 정확한 정보인지 아닌지 판단하는 능력도 필요합니다. 자신이 어떤 것을 알고 어떤 것을 모르는지 판단할 수 있는 메타인지 능력도 필요합니다. 인공지능 시대를 살아가면서 꼭 필요한 것은 무엇일지 함께 생각해 보아요.

4. 꿈을 이루기 위한 방법

1) 퍼스널 브랜딩 구축하기

퍼스널 브랜딩, 셀프 브랜딩 등의 단어를 들어보신 적이 있으실 겁니다. 저도 '날아라후니쌤'이라는 브랜드를 구축하고 있잖아요? 브랜딩이 되어 있으면 경쟁 상황에서 차별화할 수 있는 힘이 됩니다. 같은 음식도 어떻게 그릇에 올리냐에 따라 선호도가 달라지기도 합니다. 마케팅을 하고 있다면 먼저 브랜딩을 해야 합니다. 일종의 포장과 같은 개념이죠. 1인 미디어 시대에 개인별 포장이 왜 중요할까요? 퍼스널 브랜딩이 필요한 3가지 이유를 알아보겠습니다.

📔 홍보

가장 큰 이유입니다. 나 자신을 홍보할 수 있습니다. 우리나라 사람들은 자기소개를 하라고 하면 남들이 보는 자신을 소개합니다. 어느 직장에 직함은 무엇인지를 알리기 바쁘죠. 이런 방식보다는 자신이 가장 잘하는 것은 무엇인지 홍보하는 겁니다. 강점은 무엇인지를 확인할 수 있도록 안내합니다. 어떤 분야에 관하여 이야기해보라고 했을 때 생각나는 사람이 될 수 있도록 말입니다.

어떤 방식으로 홍보를 할 수 있을까요? SNS 플랫폼을 활용하는 것이 일반적입니다. 유튜브에서 영상으로 홍보를 하기도 하고요. 블로그나 브런치에 글을 쓰기도 합니다. 인스타그램, 페이스북 등에는 사진과 각종 피드로 자신을 홍보하죠. 대부분의 SNS 플랫폼은 글쓰기가 기본입니다. 글쓰기를 할 때는 일관성 있게 써내려가는 것이 좋습니다. 여러 가지를 말하고 있어도 대주제는 같아야 합니다.

📓 소통

다른 사람들과 이야기할 때를 생각해보세요. 자신의 생각을 바탕으로 다른 사람의 이야기를 듣죠. 거기에 내 생각을 보태면서 대화를 이어갑니다. 생각의 이음이라는 표현을 하기도 합니다. 이 과정에서 소통하는 능력이 생겨나는데요. SNS를 통한 홍보를 하는 과정에서 다수가 원하는 정보는 무엇이고 나는 이러한 점에 강점이 있다는 사실에 관하여 대중이 원하는 대로 구성할 수 있습니다.

소통하는 능력이 향상된다는 것은 퍼스널 브랜딩을 하면서 긍정적인 결과를 가지고 올 수 있습니다. 글쓰기나 말하기를 할 때는 3~5가지로 생각하고 표현해보세요. 무언가 체계적이고 합리적이라는 생각이 들게 말이죠. 호감 주는 말하기 방법에 관한 지속적인 생각은 자신을 발전시킬 수 있는 원동력입니다. 말하기 위해 생각하고 글 쓰는 작업을 반복하다 보면 성장할 수 있는 기반이 만들어집니다.

📖 나다움

사람들은 대부분 자신에 관하여 애정을 가지고 살아갑니다. 자기 존중감을 바탕으로 자신을 가꾸어가죠. 인공지능, AI가 사람들을 지배할 시대가 다가올지도 모릅니다. 모든 사람들이 같은 생각을 하면 어떻게 될까요? 자신의 생각과 다른 사람의 생각이 다를 수 있음을 인식해야 합니다. 그렇다고 다른 사람이 어떻게 생각할까에 너무 의식할 필요도 없습니다. 나다움이 가장 중요하니까요.

사람들은 어떻게 생각하고 행동하는지를 퍼스널 브랜딩을 통해 표현해봅니다. 자신의 생각을 주저 없이 이야기할 때 공감대를 형성할 수 있습니다. 자신의 현재 상황을 잘 포장해서 활용할 수도 있고요. 모든 사람들은 사회의 구성원으로 살아갑니다. 다른 사람의 생각을 존중해야 합니다. 그 안에서 나에 관하여 정확히 파악하고 알리는 거죠. 다른 사람들과 함께 생각을 공유하며 살아갈 수 있습니다.

퍼스널 브랜딩이 필요한 이유를 확인해 보았습니다. 마케팅을 하기 전에 브랜딩부터 진행하는 것이 좋습니다. 자신을 잘 홍보할 수 있도록 자신의 강점이나 관심사 등을 정리해 두어야 합니다. 다른 사람들과의 소통에도 도움이 됩니다. 가장 나다움을 표현할 수 있는 것은 퍼스널 브랜딩을 통한 준비입니다. 자신의 현재 상황을 잘 포장해서 다른 사람들과 공유할 수 있어야 합니다.

2) 공부 습관 만들기

공부는 어떻게 해야 할까요? 어떤 방법으로 진행해야 효율적일까요? 물론 정답은 없습니다. 자신에게 맞는 방법을 찾아야죠. 약간의 시행착오를 겪으면서 공부하는 방법을 터득합니다. 초중고등학교 시절에 이런 과정을 거치게 되죠. 사회에 나가서도 계속해서 발전하기 위해서는 공부습관을 만들어두는 것이 좋습니다. 사회가 변화하는 속도가 생각보다 아주 빠르거든요. 공부한 내용을 지식으로 만들기 위해서는 생각을 통한 자기화가 필요합니다.

📔 기본 생활습관 지키기

많은 사람들이 미라클모닝으로 하루를 시작합니다. 짤막한 글을 읽고, 생각하고, 이렇게 글을 씁니다. 이런 루틴을 설정하고 실행하기는 쉽지 않습니다. 생활패턴이 안 맞을 수 있거든요. 새벽에 일하시는 분들도 있습니다. 자신에게 맞는 방식으로 정해진 루틴이 습관화될 수 있도록 연습하고 준비하는 것이 필요합니다. 기본 생활습관을 지키게 되면 자연스럽게 공부하는 방법도 알 수 있습니다.

선생님들이 학생들을 대상으로 생활지도를 하는 이유이기도 합니다. 학생들에게 바람직한 기본 생활습관을 만들어주기 위해 노력하는 거죠. 출결에 신경을 쓰고, 다른 사람들에게 피해를 주지 않는 것들도 궁극적인 목적은 공부하는 데 집중할 수 있는 습관을 만들어주는 겁니다. 수업 중 스마트폰이나 게임기 등을 활용하지 못하게 하는 것도 이러한 이유 중 하나죠.

🖋️ 루틴 만들기

일이나 공부에는 공통적인 것이 있습니다. 과정을 거쳐야 한다는 거죠. 어떤 주제를 던져주고 해결해나가는 프로젝트 수업을 한다고 가정해 봅시다. 이때 처음부터 결과를 만들어낼 수는 없습니다. 주제에 관하여 여러 가지 자료를 모으고 다듬어서 결과물을 만들어내야 하는 거죠. 자료를 수집하고 가공하는 일이 과정이 필요한 작업입니다. 이때 루틴을 만들어보는 겁니다.

루틴으로 'A와 같은 일은 주제에 관하여 생각하고 예시를 1, 2, 3으로 두고 결론을 내는 방법으로 처리하면 좋겠다.'라고 설정해봅니다. 'B는 예시는 필요 없고, 설명서에 나와 있는 대로만 처리하자.' 이런 식으로 결정하는 거죠. 공부를 할 때도 마찬가지입니다. 영어 단어를 외울 때 '하루에 10개씩 시도하고 다 외우면 3~5개까지 추가로 외워보기.'와 같은 방법으로 루틴을 설정하고 실행해 봅니다. 실행한 루틴이 습관화되면 공부하는 데 많은 도움을 줄 수 있습니다.

🖋️ 생각하는 능력 키우기

국어 과목은 크게 4가지로 나뉩니다. 듣기, 읽기, 말하기, 쓰기죠. 사람마다 제시하는 순서가 다르기도 합니다. 제가 듣기와 읽기를 먼저 제시한 것은 INPUT의 과정이기 때문입니다. 어떤 산출물을 만들어내기 위해서는 투입의 과정이 필요하죠. 당연히 공부하는데도 INPUT이 필요합니다. 여기에 '생각하기'를 추가해야 공부가 됩니다. 이후에 말하거나 쓰는 과정을 통해 OUTPUT을 만들어내는 거죠.

생각하는 능력을 키워야 하는 이유가 있습니다. 공부는 '자기화'된 결과가 있어야 합니다. 내 방식대로 해석해서 자신의 언어로 설명할 수 있어야 합니다. 시험을 준비할 때 다른 사람의 요약 정리된 내용을 보고도 이해가 가지 않는 이유는 내 생각이 반영된 결과물이 아니기 때문입니다. 공부할 내용을 습득해서 생각하고 자기만의 방식으로 이야기할 수 있도록 연습을 해야 합니다.

3) 꿈을 이루기 위한 준비

누구나 꿈을 꾸며 살아갑니다. 미래에 어떤 사람이 되고 싶은지 생각해 보는 거죠. 장기적인 목표를 만들고 실천하는 과정을 통해 성장하기도 합니다. 아이들에게는 장래희망을 물어보기도 하잖아요? 어떠한 꿈을 가지고 살아가느냐에 따라서 미래가 달라지기도 합니다. 꿈을 이루기 위해 해야 하는 일에는 어떤 것들이 있을까요? 그 방법을 알아보겠습니다.

📖 목표 세우기

꿈을 이루기 위해서는 목표가 있어야 합니다. 너무 허황된 목표를 세우기보다는 현실적인 목표를 세우는 것이 좋습니다. 현실적인 목표를 세우기 위해서는 자신에 관한 객관적 평가가 필요합니다. 어떠한 일을 어떻게 할 것인지에 관하여 계획을 세워봅니다. 목적을 가지고 일을 추진할 수 있는 원동력이 됩니다. 꿈과 관련한 목적과 목표를 세우는 거죠.

목표를 세우기 위해 당장 오늘부터 해야 할 일이 있습니다. 오늘 하루의 계획을 세우는 겁니다. 물론 1년의 계획, 월간 계획을 세워두고 차근차근 오늘 할 일을 계획하는 것이 가장 좋습니다. 1년간의 결과를 취합하면 자신을 객관적으로 판단하고 실행할 수 있는 근거가 되기도 합니다. 목표를 세우는 것이 가장 먼저 진행되어야 자연스럽게 진행될 수 있습니다.

📖 '그릿'의 힘

목표를 세웠다면 그릿의 힘이 필요합니다. 목표를 달성하기 위해 끈기를 가지고 노력해야 하는 거죠. 중간에 잠깐 쉬고 진행하더라도 포기하지 않는 것이 좋습니다. 1만 시간의 법칙에 의하면 어떤 분야의 전문가가 되려고 한다면 1만 시간을 투자하면 된다고 합니다. 3년여 간 한 분야를 지속해서 연구하고 공부하는 거죠. 물은 100도씨가 되어야 끓어오르잖아요? '그릿'의 힘을 느끼기 위해서 노력해야 합니다.

끈기를 가지고 일을 추진하는 것을 지속해서 꾸준히 진행하는 것이 좋습니다. 개인적 관심을 꿈을 이루기 위한 목표를 바탕으로 설정해봅니다. 흥미를 가지고 있어야 꾸준히 일을 추진할 수 있습니다. 지속적으로 일을 추진할 힘이 되는 거죠. '그릿'은 운동선수들이 목표를 달성하기 위해 끊임없이 노력하는 것으로 표현되기도 합니다. 최선을 다해서 준비하고 지속하는 것이 필요합니다.

📖 인간관계 관리

어떤 일을 하더라도 인간관계가 중요합니다. 사람들 간의 관계가 좋아야 일도 잘할 수 있습니다. 꿈을 이루기 위한 다양한 방법에는 어떠한 것들이 있는지도 확인해 봅니다. 인간관계를 관리하는 것은 내가 지치지 않기 위함이기도 합니다. 잠시 힘들어서 쉬려고 할 때 주변 사람들의 도움을 받을 수도 있습니다. 꿈을 달성하기 위해 관련한 일을 하는 사람들과 다양한 방법으로 접근할 수도 있고요.

관계성에 관하여 강조하는 이유는 무엇일까요? 서로의 관계를 바탕으로 사회를 형성하고 있기 때문입니다. 이타성을 실현하기 위해 노력하다 보면 자신의 꿈을 이루기 위한 준비를 할 수 있습니다. 다른 사람의 생각과 내 생각이 다를 수 있음을 생각해 보아야 합니다. 서로의 다른 성향을 보완하면서 사회를 유지하고 발전해나갈 수 있는 원동력이 됩니다. 사람들 사이의 관계가 중요한 이유입니다.

꿈을 이루기 위해 해야 하는 3가지를 살펴보았습니다. 목표를 세우고, 끈기를 가지고 계속해야 합니다. 다른 사람들과의 관계도 생각해 보아야 하고요. 꿈과 관련한 일을 3년여 동안 지속해보면 자연스럽게 목표를 달성할 수 있습니다. 1만 시간은 모든 사람을 전문가로 만들어줄 수 있는 시간입니다. 다른 사람을 배려하고 소통하는 것도 중요합니다. 꿈을 향해 나아갈 수 있도록 오늘 하루도 노력해야 하는 이유입니다.

제2장

메타인지로 배우는 공부법

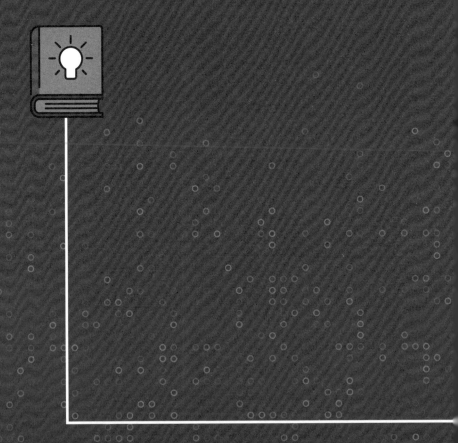

1. '못하는 공부' 패턴 끊어내기

1) 공부도 방법이 있을까?

처음부터 잘하는 사람은 없습니다. 모든 지식은 차근차근 알아가야 하고요. 새로운 정보나 지식을 얻게 되었을 때 호기심이 생긴다면 구체적으로 알아보는 것이 좋습니다. 우리가 살고 있는 사회의 정보는 끊임없이 재생산되고 있습니다. 사회가 발전하는 속도에 발맞출 방법을 찾아야 합니다. 새로운 공부를 시작하는 방법에 관하여 알아보도록 하겠습니다.

🔖 맥락 파악하기

새로운 정보나 지식을 파악할 때 어려우시죠? 가장 먼저 맥락을 파악해야 합니다. 쉽게 이야기하면, 기본 뼈대를 작성해두는 겁니다. 목차와 얼개를 자기 나름대로 정리해 두는 것도 좋습니다. 모든 정보는 자기화를 통해 설명할 수 있을 정도가 되어야 합니다. 공부하는 과정에서 책이나 강의에서 설명하는 방법과 다른 자신만의 방식이 생기기도 합니다.

맥락을 먼저 파악해두는 것은 방향을 잃지 않기 위함입니다. 공부를 하다가 가끔 '뭘 하고 있는 거지?'라는 생각과 함께 정신을 잃을 때가 있습니다. 파악한 맥락을 정리해 두었다가 확인하면서 공부를 하다 보면 체계적으로 정리하게 됩니다. 조금씩 구체적인 내용이 파악된다면 책이나 강의의 목차가 아닌 내가 알고자 하는 내용을 중심으로 구조를 수정해보기도 합니다.

📖 목차 세분화하기

구성 짜기가 끝나면 각각의 목차를 세분화해봅니다. 영역별로 구분하고요. 단원별로 분류해보기도 합니다. 정확한 내용을 파악하는 단계입니다. 처음 접하는 내용이나 모르는 내용의 공부를 하는데 얼개를 짜거나 목차를 세분화하지 않는 경우 정확히 공부하지 못하는 경우도 있습니다. 방향성에 관한 이야기를 조금 전에도 했는데요. 목차를 세분화하는 것도 방향성의 일종입니다.

목차 세분화하기는 구체적인 내용을 파악하는 단계입니다. 어떤 공부를 하더라도 1만 시간 정도의 시간을 투자하면 전문 분야로 바꿀 수 있습니다. 처음에는 다소 천천히 받아들이더라도 노력하는 시간이 많아지면 됩니다. 선택과 집중을 어떻게 하느냐에 따라 바뀔 수도 있고요. 이때에도 지식이나 정보를 자기화해서 기억하는 것이 좋습니다. 설명하지 못한다면 정확히 이해하지 못한 경우니까요.

🗂 키워드 분류

다음은 키워드별로 구분해 보아야 합니다. 단어의 뜻을 정확히 파악하고요. 설명하듯이 정리해 봅니다. 목차에 따라 세분화된 키워드는 중요한 단어 위주로 파악해봅니다. 새로운 지식이나 정보의 체계를 구분하고 정리되어야 합니다. 키워드별로 다시 목차를 구성해보기도 합니다. 마인드맵과 같은 방법으로 정리해 두는 것도 좋습니다.

목차별로 키워드를 다시 작성해 두면 나중에 공부하기도 쉽습니다. 공부한 내용을 다시 한 번 읽어보고 새로운 내용을 파악할 수 있도록 하고요. 내용을 파악하면서도 구체적인 단계를 밟아나갈 수 있도록 합니다. 다양한 환경에서 적응할 수 있도록 많은 노력이 필요합니다. 계속 강조하는 내용이 있습니다. 모든 과정에서 자기화를 시켜 다른 사람에게 이야기해 보면서 공부합니다.

새로운 지식이나 정보에 관하여 공부하는 방법을 알아보았습니다. 맥락 파악하기, 목차를 세분화하기, 키워드별로 구분하기 순으로 진행하는 것을 추천합니다. 물론 자신만의 노하우가 있다면 익숙한 방법으로 진행하시면 됩니다. 단어의 뜻을 정리해 두는 과정이 필요합니다. 자기화를 통해 누군가에게 이야기하고 설명할 수 있을 정도로 공부해야 하고요.

2) 경청하기

사람들은 모두 관계성을 바탕으로 살아갑니다. 일을 하거나 공부를 할 때도 마찬가지죠. 글을 쓸 때도 다른 사람들은 어떻게 생각하는지 곱씹어보면서 작성합니다. 다른 사람들과 소통을 하는 방법에 관한 고민을 하기도 하죠. 다른 사람의 말을 들으면서 몸짓과 태도로 공감하기도 하고요. 적절한 질문을 던지기도 합니다. 대화를 할 때 필요한 요건은 어떤 것들이 있을까요?

📖 끝까지 듣기

가장 쉬우면서도 어려운 일입니다. 다른 사람의 말을 끝까지 듣는 거죠. 어떤 사람과 대화를 하다 보면 상대방의 이야기가 시작되자마자 "아니, 아니."라고 하는 사람들이 있습니다. 이는 상대방의 말을 듣지 않는다는 신호로 해석될 수 있습니다. 일단 다른 사람의 말을 끝까지 들어야 공감한다는 신호를 줄 수 있고, 존중받고 있다는 생각이 들게 합니다. 상대방의 이야기를 무시한다는 느낌을 받으면 대화가 진행되기 어려워지기도 합니다.

소통을 위한 대화의 첫 번째 방법은 듣기입니다. 국어 영역에서 가장 먼저 습득되는 능력이기도 합니다. 아이러니하게도 듣는 것은 가장 나를 잘 알려줄 수 있는 방법입니다. 상대방의 말을 어떻게 들어주는지가 가장 중요하고요. 존중받고 있고, 경청하고 있고, 소통을 원하는지도 끝까지 들어주는 것이 중요한 이유입니다. 의외로 자신의 이야기를 하는 것만 좋아하고, 남의 이야기를 듣지 않는 사람들이 많습니다.

📖 긍정적인 생각

  다른 사람의 말을 들을 때 긍정적으로 생각하고 들어야 합니다. 긍정적인 생각은 행동으로 표출되기 때문입니다. 내 생각과 다른 사람의 생각이 만나서 또 다른 생각을 만들어내기도 하잖아요? 긍정적인 생각과 행동은 상대방을 기분 좋게 만듭니다. "칭찬은 고래도 춤추게 한다."라고 합니다. 대화의 중간중간에 칭찬하는 것도 좋습니다. 상대방을 칭찬하면서 긍정적인 대화를 하게 되죠.

  상대방의 말을 부정적으로 받아들이거나 내가 듣고 싶은 대로 듣는다면 어떻게 될까요? 대화가 진전되지도 않을뿐더러 불쾌한 상황이 생길 수도 있습니다. 대화의 목적에 맞지 않는 말이 오갈 수도 있습니다. 존중받고 있다는 생각이 들지 않을 때, 사람을 멀리하게 될 수도 있고요. 상대방의 말을 최대한 긍정적으로 생각하고 들어야 하는 이유입니다. 이때에도 많이 들어주는 것 잊지 않으셨죠?

📖 상대방의 언어로 이야기하기

  정말 대화의 고수들은 상대방의 언어로 이야기합니다. 내가 쓰는 언어가 아닌 거죠. 나의 말이 아니라는 겁니다. 다시 말하면 상대방의 생각을 읽어서 상대방의 말로 이야기를 합니다. 공감을 형성할 수 있는 거죠. 이런 말하기와 듣기 방법을 사용하면 비교적 쉽게 설득을 하기도 합니다. 목적을 달성하기에 유리한 방법이기도 하고요. 꼭 기억하실 것은 상대방의 언어로 이야기하는 데 초점을 맞추는 것입니다.

  공감하면서 소통하는 것이 중요한 것은 모든 사람들이 알고 있습니다. 알고 있으면서도 쉽게 하지 못하는 이유는 무엇일까요? 상대방에게 진정으로 다가가는 방법을 잘 모르기 때문입니다. 다른 사람이 다가올 수 있도록 나의 마음의 일정 부분을 비워두세요. 잠시라도 내 생각과 다른 사람의 생각이 동화될 수 있도록 말입니다. 적당한 추임새와 태도, 몸짓 등은 소통하는 데 긍정적으로 작용하기도 합니다.

상대방의 말을 긍정적으로 생각하고 많이 들어주면 자연스럽게 상대방의 언어로 이야기할 수 있습니다. 다른 사람과 대화를 할 때 흐름이 끊어지거나 몰입하지 못하는 경우가 있습니다. 서로 공감하지 못하는 경우죠. 공감을 통한 소통이 가능하도록 다양한 방향으로 사회적 능력을 키우는 것이 필요합니다. 내향적인 사람들도 사회적 능력을 어떻게 습득하느냐에 따라 대인관계 능력도 발달시킬 수 있습니다.

2. 메타인지 맛보기 1단계, 독서

1) 독서한 내용 말하기

책을 읽고 나서 대략적인 내용과 느낌을 정리해 두는 것이 좋습니다. 책을 읽은 후에 어떤 내용인지 생각이 나지 않는 경우는 '자기화'가 부족한 경우입니다. 자기화를 통해 나의 언어로 표현할 수 있다면 시간이 지나더라도 기억하기 쉽습니다. 독서를 한 후에 내 생각을 다른 사람에게 전달할 수 있도록 해보는 것이 좋습니다. 독서한 내용을 말하는 3가지 방법에 관하여 알아보겠습니다.

📖 주제별로 정리하기

책을 읽었다면 책에 담긴 전체 내용을 하나의 키워드에 담아보세요. 독후감을 쓸 때도 주제를 정해야 합니다. 책의 내용을 요약·정리해 보고요. 주제별로 정리합니다. 키워드를 중심으로 분류해 보기도 합니다. 책에서 주장하는 것은 어떠한 내용인지도 확인해 봅니다. 내 생각과 다른 경우도 있습니다. 이때에는 책에서의 주장과 내 생각이 어떻게 다른지도 기록해 봅니다. 독서 모임에 참여하고 있다면 이러한 내용을 정리해서 이야기해 봅니다.

책을 읽은 후에 키워드 중심으로 요약해보고 노트에 기록하거나 카드로 만들어둡니다. 주제별로 정리를 해두면 좋은 점이 있습니다. 나중에 다른 분야의 책을 읽다가도 비슷한 맥락의 주제를 발견하면 서로 연관시킬 수 있습니다. 서로 연결될 수도 있고요. 그만큼 생각할 수 있는 폭이 넓어지는 겁니다. 서로 다른 책을 읽다가도 같은 주제에 관하여 다른 입장을 보이기도 하고, 같은 내용으로 이야기하기도 하니까요.

📖 느낀 점 이야기하기

책을 읽고 아무런 생각이 없다면 읽을 필요가 없겠지요. 무언가 깨달음을 얻거나 느끼는 것이 있습니다. 나의 마음이 평화롭게 한다거나 미래 사회를 준비할 수 있는 지계를 얻기도 합니다. 새로운 지식을 얻기도 하고요. 이러한 조각조각들을 잘 모아서 느낀 점을 기록해 봅니다. 자기계발서를 읽을 때도 내가 개선할 점은 어떤 것들이 있는지 확인해 봅니다.

느낀 점을 노트나 카드에 기록했다면 이야기해 봅니다. 노트나 카드를 보지 않고 말할 수 있으려면 생각이 정리되어야 합니다. 자기화를 강조하는 이유입니다. 내 방식대로 키워드를 분류해서 생각한 내용을 정리해 봅니다. 키워드를 몇 가지 생각해 두었다가 이야기를 하면 말하는 것도 자연스럽게 보이기도 합니다. 느낀 점을 말할 때는 보완하거나 개선할 점도 함께 생각했다가 이야기합니다.

📖 과거의 일과 연관시키기

책을 읽고 나서 주제별로 정리하고, 느낀 점을 이야기할 때 꼭 기억해야 할 일이 있습니다. 과거의 일과 연관시키는 겁니다. 내가 어떤 생각을 가지고 있었는지 생각해봅니다. 이 책을 읽기 전에는 어떠한 생각을 하고 있었는지 정리해봅니다. 과거에는 어떤 판단을 했었는지도 생각해봅니다. 내가 했던 일에 관하여 연관 지어 생각해 보는 거죠. 가끔 예전 생각을 하다가 '내가 왜 그랬을까?' 하면서 손발이 오그라들기도 합니다.

책을 읽고 나서 생각이 단단해졌는지, 어떤 점이 보완되었는지를 생각해 봅니다. 책은 작가의 의도를 담은 종합적인 결과물입니다. 독서는 작가와의 대화로 표현되기도 합니다. 독서를 통해 과거에 잘 알지 못해서 했던 일들에 관하여 생각해보기도 합니다. 앞으로 살아가면서 개선해야 할 점들도 생각해보고요. 과거의 일과 연관 지어 생각해보는 것은 미래를 준비하는 과정에서 필수적입니다.

이런 식으로 직접 독서한 내용을 정리하고 자기화하다 보면 뭔가 책 내용이 조금 다르게 와 닿을 거예요. 주제별로 정리하고, 느낀 점을 이야기하고, 알고 있던 일들과 연관 지어 생각해봅니다. 독서를 많이 하면 내공이 쌓이게 됩니다. 독서 모임이 있다면 적극적으로 참여해도 좋아요. 책을 입체적으로 읽을 수 있습니다. 사람마다 인지

구조가 다르고 생각하는 것이 다르죠? 같은 책을 읽고도 이해하고 자기화하는 것이 다릅니다. 다른 사람의 의견을 들으면서 생각의 폭이 넓어질 수 있는 이유입니다.

2) 더 맛있게 책 읽는 방법

여가 시간에 어떤 일로 시간을 보내시나요? 여행을 다니거나 영화를 보기도 합니다. 짬짬이 책을 읽으시는 분들이 많으실 텐데요. 책은 작가의 생각을 텍스트로 정리해 둔 모음집입니다. 독서를 하는 동안 작가와 대화를 한다고 할까요? 장시간 1:1로 대화를 조용히 즐길 수 있으니 여가 시간을 보내면서 자기계발도 할 수 있는 장점이 있죠. 독서를 할 때는 어떤 것들을 생각해보아야 할까요?

📖 책의 종류 구분하기

책의 종류를 구분해야 합니다. 2가지로 구분해두는 것이 좋습니다. 첫 번째는 지식 책입니다. 교과서, 전공서적, 참고서, 시험 관련 책 등이죠. 이런 책을 읽을 때는 정독을 해야 합니다. 조용한 곳에서 책에 정리된 내용을 하나하나 생각하면서 정리해 보아야 하죠. 책의 내용을 체계화하고 자신의 생각으로 정리해 보면서 점차 자기화하는 과정을 거칩니다.

📖 친근한 책 읽기

친근한 책은 쉽게 접할 수 있는 여러 영역의 책을 말합니다. 생각을 정리해 둔 에세이와 같은 책들이죠. 이런 책들은 짬 시간에 읽어보는 것이 좋습니다. 버스나 전철을 타면서 잠시 읽을 수 있도록 들고 다니는 것도 좋겠네요. 잠시 시간이 날 때마다 읽어도 무리가 없을 만한 내용의 책을 분류하면 됩니다. 부담 없이 읽어내려가면서 작가와의 대화 시간을 보내면 서서히 성장하는 나를 느끼게 됩니다.

📖 여러 권 동시에 읽기

여러 권을 동시에 읽으면 생각의 폭이 넓어집니다. 단, 조건이 있습니다. 같은 영역의 책을 읽어야 하죠. 한 분야의 책을 여러 권 동시에 읽으면 다양한 생각을 할 수 있습니다. 사람마다 생각이 다르잖아요? 책에서 이야기하는 작가의 생각이 다르지만 전달하고자 하는 메시지 안에서 차이를 발견하는 과정에서 성장하게 됩니다. 서로 다른 생각은 보완하면서 생각의 폭을 넓히는 거죠.

경제학을 공부하고 싶다면 어떻게 해야 할까요? 쉬운 것부터 시작합니다. 경제학 개론을 읽어보는 겁니다. 경제학 책을 몇 권을 찾아 읽어보면서 영역을 넓혀갑니다. 1만 시간의 법칙은 한 분야의 전문가가 되기 위해서는 최소 1만 시간을 투자해야 한다는 말입니다. 같은 영역의 책을 여러 권 동시에 읽으면서 조금씩 준비하면 됩니다. 전문가가 되려면 많은 준비가 필요한 거죠.

📖 기록 습관

기록을 할 때는 자기화한 내용을 적어야 합니다. 책 읽은 내용을 내 방식대로 정리해 보세요. 독서를 할 때도 기록하는 습관을 길러야 합니다. 독서 노트를 만들어 보는 것도 좋습니다. 책을 읽고 떠오르는 생각을 자기화시켜서 정리해 두는 겁니다. 머릿속에 떠오르는 생각의 조각을 이어보면서 기록해봅니다. 자신의 생각으로 정리하다 보면 명시화되어 정리되기 시작합니다. 머릿속의 생각의 기억을 정리해 두지 않으면 금세 휘발되어 사라지게 마련입니다.

기록 습관을 가지기 위해서는 일상을 기록해보세요. 떠오르는 생각을 기록해 보고요. 어떤 상황이 일어났을 때 자신의 느낌을 기록해봅니다. 책을 읽은 이후에 생각의 변화를 전과 후로 비교해서 기록해보기도 합니다. 기록하는 습관을 가지고 생활하면서 자신이 변화하고 있음을 인식할 수 있습니다. 기록한 내용이 하나하나 쌓여가면서 자신의 생각이 정리되기 시작하고요. 구체적으로 실행에 옮길 수 있는 원동력이 됩니다.

독서할 때 생각해 보아야 할 내용을 확인해 보았습니다. 지식 책과 친근한 책을 구분해 보고요. 한 분야의 책을 여러 권 동시에 읽어보면서 자신의 생각을 정리해봅니다. 장기간 한 분야의 공부를 하다 보면 성장하는 나를 발견하게 됩니다. 독서한 내용을 노트를 만들어서 기록해 보는 것도 좋습니다. 생각을 정리하는 과정에서 성장하는 나를 발견할 수 있습니다. 구체적으로 실행에 옮기는 실천적인 사람이 될 수 있습니다.

3. 읽는 방법

1) 자기계발서를 읽는 방법

책을 읽을 때 강약을 조절하면서 읽는 것이 좋습니다. 지식 책을 읽을 때와 친근한 책을 읽을 때 같은 강도로 책을 읽을 필요는 없거든요. 책 읽는 시간을 조절합니다. 짬 시간에 책을 손에서 놓지 않도록 하는 것이 시간을 잘 활용하는 방법입니다. 아침에 플래너를 쓰면서 책을 어떻게 전략적으로 읽을지를 생각해보는 것도 좋습니다. 다양한 방법을 활용해서 독서를 할 수 있도록 준비해 봅니다.

📖 루틴을 어떻게 설정할 것인가?

자기계발서를 읽을 때는 나의 삶의 패턴을 파악해야 합니다. 일상을 되돌아보고 내가 어떠한 루틴을 가지고 살아가고 있는지 생각해보아야 합니다. 루틴이라고 하는 것은 내가 살아가고 있는 습관입니다. 나의 행동으로 인해 어떠한 결과를 가지고 올 수 있는지에 관한 고민을 해 보아야 합니다. 아침에 일어나서 어떠한 시간을 보내고 출근을 하는지 등에 관한 생활패턴을 확인해 봅니다.

  설정이 가능한 루틴을 만들어보아야 합니다. 생활패턴을 갑자기 바꿀 수가 없기 때문이죠. 루틴을 설정할 때에는 작은 단위로 잘라서 적용해 봅니다. 목표를 세분화하고 잘게 쪼개는 것이 성공 확률을 높입니다. 성공 확률을 높이면 긍정적인 사고를 하게 되고, 조금씩 노력해 보면서 점차 발전하는 나를 만나게 됩니다. 하루하루 조금씩 노력하다 보면 내일은 오늘의 나보다 0.1%는 발전할 수 있다는 믿음을 가질 수 있습니다.

📝 설정하고 실행 가능한 일인가?

  자기계발서를 읽다 보면 처한 환경이나 삶의 패턴이 맞지 않을 경우도 있습니다. 나의 생활에 어떻게 적용할 것인지에 관한 생각도 필요하고요. 설정하고 실행이 가능한 일인지 생각해 보아야 합니다. 실행 가능성이 없는 목표를 세울 필요는 없습니다. 다양한 환경에서 적용 가능한지를 생각해봅니다. 나의 삶을 되돌아보기도 하고요. 3~5년 후의 나에 관하여 생각하고 미래를 준비하는 과정을 거칩니다.

  미래를 바라보고 준비하기 위해서는 현재의 나를 정확히 판단해야 합니다. 내가 살아온 과정을 생각해보고, 앞으로의 삶을 준비하죠. 나를 되돌아볼 수 있는 가장 좋은 방법은 일기를 써보는 겁니다. 플래너와 함께 작성하다 보면 나의 삶을 되돌아볼 수 있습니다. 얼마나 계획적이고 전략적을 살아가고 있는지에 관한 생각도 해볼 수 있고요. 하루하루는 계획하고 확인하면서 과거의 나와 미래의 나를 현실에서 만날 수 있도록 합니다.

🖋 미래에 하고 싶은 일은 무엇인가?

자기계발서를 읽는 가장 중요한 이유입니다. 내가 미래에 어떤 사람이 되고 싶은지에 관한 고민이 필요하죠. 어떻게 준비하고 어떻게 행동해야 할지에 관한 고민도 합니다. 물론 준비한 대로 모두 달성하기는 어렵습니다. 사람마다 기준이 다르고 사회적으로 합의된 과정이 다르기 때문입니다. 내가 미래에 하고 싶은 일이나 달성하고자 하는 목표를 향해 어떤 방법으로 준비해야 하는지에 관한 고민이 필요합니다.

삶의 목표를 설정합니다. 3~5년 뒤에 어떤 목적을 달성할 것인지에 관한 고민을 하는 거죠. 목표를 설정하고 미래를 준비하는 것이 중요합니다. 방향성에 관한 고민이 필요한 이유이기도 합니다. 어떤 일을 할 때 방향을 설정해 두면 목표를 달성하지 못한 경우라고 하더라도 비슷한 결과를 가지고 오기도 합니다. 조금씩 성장하는 나를 만날 수 있죠.

많은 사람들이 자기계발을 하는 것에 관심이 많습니다. 다양한 환경에서 어떻게 하면 자신의 능력을 최대한 발휘할지에 관한 고민을 하기도 합니다. 나를 어떻게 발전시킬지에 관한 생각을 하죠. 자기계발을 하는데 가장 빠른 시간에 도움을 줄 수 있는 것은 독서입니다.

책의 저자는 쉽게 나를 발전시킬 수 있는 팁을 제공합니다. 저자가 말하고자 하는 것이 무엇인지 파악해서 삶에 적용하는 것이 좋은 이유입니다.

2) 친근한 책을 읽는 방법

친근한 책은 나의 삶을 보듬어줄 수 있는 책입니다. 나의 감정을 조절하고, 조언을 해줄 수 있는 벗이 될 수 있습니다. 지식 책만 읽는 것은 풍요로운 나의 삶에 부족한 면을 느끼게 됩니다. 친근한 책으로 마음을 치유해줄 수 있는 시간을 가지는 것이 좋습니다. 친근한 책을 쉽게 읽는 방법을 알아보려고 합니다. 너무 많은 시간을 투자하는 것도 좋지는 않습니다. 일상생활에 도움을 주는 정도만 독서를 하는 것이 좋죠.

📖 부담 없이 읽을 수 있는 책 선택하기

친근한 책을 읽을 때는 부담 없이 읽을 수 있어야 합니다. 너무 어려운 책은 거부감을 가질 수 있습니다. 가급적 쉬운 책을 선택하되, 일상에 도움을 줄 수 있는 책으로 읽어보세요. 경제에 관한 분야의 책을 친근한 책으로 읽는다고 생각하면 지식 책보다는 약간 쉬운 정도로 선택합니다. 쉽게 접근할 수 있는지를 판단하는 기준은 사람마다 다릅니다. 지식의 정도가 다르기 때문이죠.

책에서 제시하고 있는 기준을 알아보는 방법은 서점에 가서 책을 훑어보는 겁니다. 인터넷 서점에서도 미리보기 등으로 20~30페이지 정도는 먼저 살펴볼 수 있습니다. 전체적인 맥락은 어떻게 구성되어 있는지 확인해 봅니다. 쉽게 읽을 수 있을 만한 것인지 판단하고 선택하는 것을 추천합니다. 일상생활을 하면서 가볍게 읽을 수 있도록 부담이 되지 않아야 합니다.

📖 스마트폰 대신 책 들고 다니기

친근한 책은 언제 읽을까요? 시간이 날 때마다 읽는 것이 좋습니다. 스마트폰은 가방이나 지정된 장소에 두고 친근한 책을 읽어보세요. 이동할 때도 책갈피를 꽂아서 스마트폰 대신 들고 다녀보세요. 요즘 전자책도 많이 보죠? 전자책도 바로 볼 수 있게 세팅하고 가지고 다니시는 것도 좋습니다. 처음에는 쉽지 않습니다. 여러 번 의식적으로 하다 보면 자연스럽게 독서를 하는 여러분을 만나게 되실 겁니다.

많은 사람들이 스마트폰에 중독되기도 했습니다. 스마트폰을 손에서 떼지 않고 옆 사람과 스마트폰으로 문자메시지를 주고받기도 했죠. 의사소통 과정에도 문제가 생기기도 했습니다. 책을 들고 다니면서 자연스럽게 작가와의 소통을 이어가 보세요. 생각의 변화는 의식의 변화를 가지고 옵니다. 조금씩 여러 번 노력하다 보면 변화된 내면을 확인할 수 있습니다.

📖 지식 책과 연계해서 목록 선정하기

친근한 책을 읽을때 가장 중요한 것은 지식 책과 연계하는 겁니다. 물론 같은 맥락의 책만 읽는 것은 인지편향의 관점에서 바람직하지 않습니다. 친근한 책을 선정할 때, 내가 주로 읽어야 하는 책의 분야를 생각해 봅니다. 지식 책과 연계된 분야를 생각해 보고 어떤 점에서 창의적으로 연결할 수 있는지를 체크합니다. 연계되지 않은 분야라고 하더라도 어떤 방법으로 함께 융합시킬 수 있는지 생각해 봅니다.

경제 관련된 분야의 지식을 얻는 데 초점을 맞추고 있다고 생각해 봅시다. 친근한 책으로는 부동산을 어떻게 현명하게 선택했는지 에세이 형식으로 구성된 책을 읽어보는 것도 좋습니다. 다양한 분야의 지식이 함께 어우러졌을 때 자기계발이 일어날 수 있습니다. 책을 읽을 때 관련한 강의를 듣는 것도 추천합니다. 미처 내가 생각하지 못한 분야를 알게 될 수도 있습니다. 그만큼 시간을 단축할 수 있죠.

독서를 하는 이유는 책이라는 매개로 작가와의 만남을 진행하기 위함입니다. 사회가 다변화되고 지식의 양이 폭발적으로 증가하고 있는 세상입니다. 모든 분야의 지식을 완벽하게 알고 있는 사람은 없습니다. 정보를 선별적으로 습득하고, 세상을 바라보는 눈을 가질 수 있어야 하거든요. 독서는 이런 시간과 노력을 단축하는 방법입니다. 친근한 책과 지식 책을 읽어내려가면서 내면의 성장을 이룰 수 있도록 계획적인 독서를 해보시기 바랍니다.

3) 지식 책을 읽는 방법

매일 ISBN이 등록되는 책의 숫자가 헤아릴 수 없이 많습니다. 그 만큼 책을 출판하는 작가의 숫자도 증가하였죠. SNS상으로 하루 발행되는 정보의 양도 많습니다. 그야말로 정보의 홍수 속에 살고 있습니다. 다양한 정보를 어떠한 방식으로 선별할 것인지부터 생각해야 합니다. 모든 정보를 다 받아들일 수 없습니다. 가짜뉴스도 많거든요. 디지털 또는 미디어 리터러시라는 용어로 설명되기도 합니다.

📖 주제 정하고 독서하기

독서를 할 때는 주제를 정하고 읽어야 합니다. 큰 주제를 3~5개 정도 설정합니다. 자기계발, 감정, 삶, 취미, 관계 등의 많은 영역이 있습니다. 이 밖에도 필요한 영역을 설정해서 책을 읽습니다. 주제를 정하고 책을 읽어야 체계적으로 구분됩니다. 작가마다 생각하는 내용이 약간씩 다르기도 합니다. 다양한 생각을 할 수 있는 계기를 마련할 수도 있습니다.

주제를 정하고 글을 읽는 것은 체계적으로 자신을 발전할 수 있는 방법입니다. 3달 정도는 같은 주제로 책을 읽는 것을 추천합니다. 음식을 먹을 때 편식을 하는 경우는 영양의 불균형을 초래합니다. 결과적으로 건강에 문제가 생길 수 있습니다. 편독은 다릅니다. 일단 한 가지 영역의 지식의 양을 증가시키면 해당하는 영역의 문해력이 높아집니다. 다른 영역으로 확장될 수 있는 가치가 상승하는 겁니다. 문해력은 완만한 곡선이 아니라 계단식으로 상승하거든요.

📖 영역을 순환하면서 독서하기

편독을 하는 것이 걱정된다면 3달 주기로 영역을 변경해서 읽는 겁니다. 자신이 관심 있는 분야를 기반으로 하고 그것을 바탕으로 주변 영역을 확장하는 거죠. 예를 들어 주식과 경제에 관심을 가지고 있다고 가정해봅니다. 경제와 관련한 책을 3달 정도 읽어보고, 다음에는 영향을 줄 수 있는 분야의 책을 읽습니다. 창업에 관한 책을 읽어보는 것도 좋습니다.

문해력은 계단식으로 상승합니다. 어떤 한 분야의 지식이 어느 정도 쌓여야 다음 단계로 진행됩니다. 다양한 지식의 영역이 하나의 단위로 묶여야 합니다. 3달 주기로 설정한 영역의 책을 돌려가면서 읽다가 다시 주된 영역으로 돌아왔을 때 같은 책을 다시 읽어봅니다. 몇 달 전의 나에 비해 성장한 것을 느낄 수 있습니다. 생각의 깊이와 넓이가 달라졌으니까요. 그만큼 지식의 영역이 확장된 겁니다.

📖 '자기화된 생각' 정리하기

지식 책을 읽는 방법에서 가장 중요한 것은 생각을 정리해 보는 겁니다. 읽기만 하고 써보지 않으면 자기화를 시킬 수 없습니다. 읽고 나서 생각을 해보는 거죠. 생각한 내용을 글로 정리해 봅니다. 글로 정리할 때는 기본적인 뼈대를 작성하고 글로 씁니다. 퇴고의 과정에서는 말해보면서 자연스러운 문장으로 고쳐보는 거죠. 여러 번의 글쓰기 과정을 통해 자신을 발전시킬 수 있는 원동력이 됩니다.

글을 써보는 이점이 있습니다. 자신의 생각을 체계적으로 정리할 수 있다는 겁니다. 머릿속에서 맴돌고 있는 생각을 기록으로 남겨두는 거죠. 반복해서 연습하다 보면 성장하고 있는 자신을 느끼게 됩니다. 글로 남길 때는 독서한 내용을 그대로 적는 것이 아닙니다. 책을 읽는 내용을 생각해 보고 키워드 중심으로 내 생각을 정리해야 합니다. 지식을 자기화할 수 있는 가장 기본적인 방법입니다.

주변에 자기계발에 관심을 가지고 있는 사람들이 많습니다. 내가 성장하려면 어떻게 해야 할까요? 책을 읽는 것은 가장 빠르게 내면을 성장시킬 수 있는 방법입니다. 독서는 작가와 독자와의 대화입니다. 독자와 작가 사이의 끊임없는 대화로 빠르게 지식을 습득할 수 있습니다. 자기계발을 통해 현대사회를 살아가는 방법을 알아보는 것이 필요합니다. 아무런 계획 없이 미디어에서 내보내는 정보만으로 세상을 살아가기도 합니다. 내 생각을 정리할 수 있는 시간을 가지면서 자기계발을 통해 성장할 수 있어야 합니다. 나다움의 이타성을 실현할 수 있거든요.

4) 듣는 독서(오디오북)을 효율적으로 활용하는 방법

독서를 하는 방법에는 여러 가지가 있습니다. 종이책을 읽는 방법 외에도 전자책을 읽는 방법도 있고요. 요즘에는 오디오북이 보편화되기 시작했습니다. 운동이나 운전을 하고 있을 때와 같이 이동 중에도 책을 읽는 것이 가능해졌습니다. 책을 듣는다고 표현해야 할까요? 읽는 것과 듣는 것의 차이가 있기는 하지만 책을 소리로 듣는 것도 INPUT의 과정이니 듣는 방법도 독서를 하는 방법 중 하나입니다.

📖 상호 연계성

읽기와 듣기는 엄연히 다른 영역입니다. 언어능력은 상호연계되어 있음은 부정할 수 없습니다. 같은 맥락에서 해석되고 활용되니까요. 문해력 향상을 위한 공부를 할 때도 어휘력 향상에 초점을 맞춥니다. 어휘력이 향상되면 읽기, 듣기, 쓰기, 말하기 영역에 고루 활용될 수 있습니다. 수업에서 읽기와 듣기는 어떻게 활용될까요? 공부를 할 때 새로운 정보를 받아들이는 방법입니다.

📖 종이책의 보조자료로 활용

오디오북은 자신의 읽기 수준이상의 책을 경험할 수 있는 방법입니다. 약간 어려운 책을 읽는 방법이기도 합니다. 아이들에게 책을 읽어줄때를 생각해보세요. 아이들이 직접읽기 힘들어하는 책을 읽어주게되잖아요? 비슷한 방법입니다. 내가 직접 읽는 것보다 작가나 성우의 음성으로 책을 읽어주면 쉽게 접할 수 있게 됩니다. 집중해서 읽을 수도 있고요.

오디오북은 그 자체로 듣고 이해하는 것보다는 종이책이나 전자책의 보조자료로 활용해야 합니다. 종이책을 읽을 때 메모를 한다거나 노트에 글을 적어보는 과정을 거칩니다. 이 과정에서 가장 중요한 것은 생각을 한다는 겁니다. 생각한 내용을 써보면서 자기화를 시키는 과정은 나의 성장에 도움이 됩니다. 새로운 단어를 알게 하거나 문해력 향상에도 많은 도움이 됩니다.

오디오북은 종이책이나 전자책에 비해 빨리 읽을 수 있습니다. 2배속, 3배속으로 플레이할 수 있으니까요. 빨리 읽는 것만큼 생각하는 시간이 부족해지기도 합니다. 책을 읽는 목적은 내 생각을 정리하고 자기화시키기 위한 방법임을 기억해야 합니다. 더 많은 내용을 습득하고 단어를 파악하고, 독해능력이 향상될 수 있도록 합니다. 오디오북을 활용하면 전반적으로 읽기 능력을 비롯한 국어 영역이 함께 향상될 수 있습니다.

4. "나는 이게 좋아!" 정확한 의사 표현 말하기

일상생활을 살아가면서 말을 하지 않을 수 없습니다. 말을 할 때 생각나는 대로 이야기하다 보면 앞뒤가 맞지 않고 맥락이 없을 수 있습니다. 다양한 환경에서 이야기할 수 있도록 말을 조리 있게 할 수 있도록 준비해야 합니다. 사회에 진출하거나 대학에 진학할 때에도 면접을 보게 됩니다. 이때 자신의 생각과 주관을 전달하기 위한 수단으로 말을 사용합니다. 정확한 의사 표현을 할 수 있도록 하려면 어떤 준비를 해야 할까요?

제가 추천하는 말하기의 방법은 독서를 통한 글쓰기, 쓴 글을 말해보기입니다. 과정의 반복을 통해 성장하는 자신을 만나게 됩니다. 다양한 장르의 글을 읽어보고 하루에 한 가지씩의 글을 써보도록 합니다. 편독을 걱정할 필요는 없습니다. 편식과는 다르거든요. 편식은 자신이 좋아하는 음식만 먹어서 영양소에 불균형이 초래될 수 있습니다. 편독의 경우는 지식이 쌓이게 되면 자연스럽게 확장된 다른 분야로 넘어갈 수 있습니다. 다양한 지식의 습득이 가능하거든요.

📖 소통을 위한 경청

먼저 말을 잘하기 위해서는 다른 사람의 의견을 많이 들어야 합니다. 경청을 잘해야 하는 거죠. 다른 사람의 의견에 공감할 수 있어야 합니다. 소통을 잘하려면 어떻게 해야 할까요? 책을 많이 읽어야 합니다. 책은 작가가 어떠한 메시지를 주기 위한 여러 가지 방법을 제시합니다. 꼭 강의를 듣지 않아도 책에 담긴 지식을 정리하고 종합해 보는 것이 좋습니다. 다른 사람들에게 작가가 알고 있는 지식을 전달하기 위해 집약적이고 체계적으로 정리한 것이 책이기 때문입니다.

소통하기 위한 방법의 첫 단계는 '라포' 형성입니다. 라포는 사람들 사이에 생기는 서로 믿어주는 관계를 뜻해요. 긍정적인 생각을 가지고 비언어적은 표현까지 확인합니다. 신뢰감을 가질 수 있도록 하고요. 이야기하는 사람과 적극적으로 공감하려면 어떻게 하나요? 상대방의 화법을 사용하거나 거울 반응을 하는 것도 좋습니다.

📖 글쓰기는 말하기의 기본

말을 잘하기 위한 두 번째 단계는 글쓰기입니다. 글쓰기가 어려우신 분들은 무조건 아무거나 마구 써보세요. 쓰다 보면 글쓰기 실력은 늘어납니다. 저도 처음에는 두 줄 쓰고 뭘 써야 하나 고민할 때도 있었습니다. 꾸준한 연습은 글쓰기 능력 향상에 도움이 됩니다. 다양한 장르의 책을 읽어보고 독후 학습으로 글쓰기를 해보는 것이 좋습니다. 나에게 책의 내용이 어떻게 느껴졌고, 어떻게 해석되었는지를 판단할 수 있습니다. 어떻게 자기화된 지식으로 활용되는지도 글쓰기를 통해 알 수 있습니다.

글쓰기를 할 때 여러 가지 방법이 있지만 말하기를 위한 글쓰기에서는 두괄식으로 문장을 구성하는 것이 좋습니다. 나의 의사를 명확하게 전달할 수 있기 때문입니다. 구체적인 수치나 결론을 제시하는 것도 좋고요. 글을 읽는 사람이나 말을 듣는 사람이 적극적으로 공감할 수 있도록 하는 것이 좋습니다.

📖 쓴 글을 말해보기

말하기 위한 방법으로 책 읽기와 글쓰기를 안내했습니다. 세 번째 단계에서 말을 해보는데요. 글쓰기 내용을 말해봅니다. 이 과정에서 어색한 어투는 고쳐줍니다. 책을 쓰기 위한 원고를 교정할 때에도 말해보고 어색하면 고치거든요. 말하듯이 쓰는 것이 책을 읽을 때도 거부감이 없습니다. 책은 작가와 독자와의 대화입니다. 작가의 생각과 느낌을 독자에게 전달하기 위한 수단인 거죠.

말을 할 때는 자신감 있는 표정으로 정확한 발음으로 이야기합니다. 말의 끝을 흐리는 경우는 자신감이 없어 보이기도 합니다. 다른 사람에게 말하는데 두려움이 생긴다면 미리 연습을 해보는 것도 좋습니다. 키워드를 메모해 보고 생활하면서도 설명하듯이 이야기해 보는 거죠. 지식이 자기화되었는지 확인하는 연습을 많이 해보면 말하기의 두려움이 점차 사라집니다.

독서를 통한 문해력, 확장력은 계단을 올라가듯이 올라갑니다. 어느 정도의 지식이 쌓이고 쌓이다 보면 한 단계씩 성장하죠. 꾸준한 시간과 노력의 투자가 필요한 이유입니다. 말하기를 위한 방법으로 독서를 많이 해야 하는 이유입니다.

1) 쓰기, 말하기가 중요한 이유

국어능력에는 읽기, 듣기, 쓰기, 말하기가 있습니다. 어느 하나가 중요한 것이 아니라 고루 능력을 겸비하고 있어야 합니다. 국어능력은 하나가 발전하면 다른 영역도 함께 향상됩니다. 공부할 때는 국어능력이 조화롭게 발전할 수 있습니다. INPUT만 있고 OUTPUT이 없으면 공부가 되지 않습니다. 자기화시킨 산출물이 있어야 하죠. 쓰기, 말하기가 중요한 이유를 알아보겠습니다.

🖋 자기화

자기화된 지식은 진정한 나다움을 찾는 과정으로 생각해도 됩니다. 쓰기, 말하기 과정을 통해 받아들인 지식을 자기화합니다. 이 과정에서 학습이 이루어지게 되죠. 자신의 언어로 표현해보면서 성장을 합니다. 내가 생각하고 행동하는 원동력이 됩니다. 자기화시킨 지식은 쉽게 잊혀지지도 않습니다. 다른 사람에게 설명할 수 있도록 발전시킬 수도 있고요.

읽고 들은 내용을 생각해봅니다. 이후에 쓰거나 말하는 과정으로 자신만의 생각을 정립합니다. 말을 먼저 해봐도 되고, 쓰는 것을 먼저 해도 됩니다. 메모지에 관련한 내용의 키워드를 기록해보세요. 키워드를 조합해 보면서 써보고 말해봅니다. 이러한 과정에서 하나의 글이 완성됩니다. 말하듯이 쓴다고 생각하고 연습을 반복해 보는 거죠. 자기화된 지식이 만들어지게 됩니다.

📖 생각의 힘

  사람들이 공부하고 있는 것은 어떤 것들이 있을까요? 취업을 위한 공부를 하기도 하고요. 시험을 치르기 위한 공부를 하기도 합니다. 자기계발을 위한 공부를 하기도 하죠. 어떤 공부를 하던 관심을 가지고 주의 집중을 하게 됩니다. 자신의 관심사를 생각하고 정리해서 글로 표현해 봅니다. 말해보기도 하고요. 이 과정에서 학습이 이루어집니다. 공부하는 방법은 의외로 간단한 작업이기도 하죠.

  공부하고 있는 분야에 관하여 생각해봅니다. 생각한 내용을 말로 표현하거나 글로 써봅니다. 나의 언어로 주변 사람들에게 설명하면서 성장할 수 있습니다. 내가 관심을 가지고 있는 것들에 관한 이야기를 들려주는 거죠. 이 과정에서 통찰이 이루어지기도 합니다. 새로운 영감이 떠오르기도 하고요. 다양한 학습 과정을 통해 지식으로 만들어지고 지식의 영역이 넓어지게 됩니다.

📖 산출물

  국어 영역 중 읽기와 듣기는 지식을 받아들이기 위한 작업입니다. 읽고 들은 이야기를 머릿속에서 생각해보는 과정을 거칩니다. 이 과정에서 정리되지 않는 경우도 있는데요. 이때 글로 기록해보거나 말을 해봅니다. 머릿속에서 정리되지 않았던 생각들도 하나하나 정리가 되고 기억에 남기 시작합니다. 산출물이 만들어지는 과정을 통해 공부가 되는 거죠.

  시험 공부를 할 때 다른 사람이 요약 정리해 둔 내용을 본 적이 있을 겁니다. 생각보다 머릿속에 잘 들어오지 않습니다. 왜 그럴까요?

자기화되는 과정이 생략되었기 때문입니다. 자신의 언어로 표현해서 산출물을 만들어내는 과정을 통해 생각이 정리되는 거죠. 이 과정에 빠져 있으니 머릿속에 지식으로 남아 있는 양이 많지 않은 겁니다. 자기화된 지식을 산출물로 만들기 위해 말하기, 쓰기 과정이 필요한 이유입니다.

 쓰기와 말하기가 중요한 이유를 살펴보았습니다. 받아들이기만 하면 진정한 지식이 되지 못합니다. 나다움이란 어떤 것인지 확인해 보고 내가 생각한 것들을 산출물로 만들어 보는 과정을 통해 지식으로 만들어 갑니다. 다른 사람들에게 설명하면서 성장할 수 있는 원동력이 되기도 합니다. 자기화시킨 산출물은 새로운 것을 창조해 내는 통찰력으로 발전할 수 있습니다.

2) 말하기 연습

📖 준비되지 않은 상황에 말하는 방법

친구들과 일상적인 대화도 하고요. 새로운 모임에 참석을 하는 경우도 있습니다. 연말 행사에 참석하기도 합니다. 수행평가에서 어떤 주제로 말하는 경우 등 다양한 환경에서 이야기를 하게 됩니다. 처음 만난 사람과 인사를 하거나 자신을 소개하기도 합니다. 준비되지 않은 경우에 어떻게 이야기를 하는 것이 좋을까요?

준비되지 않은 상황에 말하는 것이 쉽지는 않습니다. 준비되지 않은 상황에 말을 하기는 여간 까다로운 것이 아닙니다. 패턴을 익혀두면 상황에 따라 적용 가능합니다. 미리 숙지해두지 않으면 "에, 그, 저…" 이야기만 하고 중단될 수도 있습니다.

📖 주의 집중

주제를 가지고 이야기를 할 때는 듣는 사람들이 주의집중을 할 수 있도록 해야 합니다. 관심을 가지게 된 계기나 흥미를 가질 수 있는 이야기로 시작하는 것이 좋죠. 나의 이야기에 집중할 수 있도록 말해야 합니다. 대중들의 관심사나 흥미에 관하여 공부를 해두는 것이 좋습니다. 예를 들면 주식, 경제 교육, 자동차 구입, 부동산 구입 등과 같은 거죠. 상황에 따라 다르지만 재산의 형성과 같은 돈 버는 방법에 관한 이야기를 하는 것도 좋습니다.

📖 인과관계

주의집중이 되었다면 다음은 시간순으로 말해야 합니다. 정확히는 인과관계에 따라 말해야 합니다. 원인과 결과 순으로 이야기하는 거죠. 가끔은 반전 효과를 누리기 위해 결과를 먼저 이야기하기도 합니다. 주의집중을 할 때 쓰는 방법이죠. 결과를 먼저 알게 되기 때문에 과정을 알리는 데 초점을 맞춘다면 적당히 활용하는 것도 좋습니다. 인과관계를 정확히 파악할 수 있도록 정리해서 이야기합니다.

📖 기대효과

어떤 선택을 하고 진행하는 과정에서 예상되는 결과가 있습니다. 예상되는 결과를 생각하면서 어떠한 점을 얻을 수 있는지 말합니다. 그러한 결과를 얻기 위해 어떤 준비를 해야 하는지를 이야기합니다. 계획한 대로 모든 상황이 진행되지는 않습니다. 다만 목적을 가지고 선택한 내용에 관한 설명을 하는 것이 좋습니다. 효율적으로 다른 사람을 설득할 수 있기 때문입니다.

계획을 세울 때 목차가 다소 다르기도 하지만 대부분의 경우는 이런 내용을 담아둡니다. 개요, 목적, 과정, 세부 계획, 기대효과 등이죠. 계획을 통해서 다른 사람들에게 설득과 안내를 동시에 진행하는 겁니다. 내가 선택한 것이 어떠한 결과를 얻을 수 있는지에 관하여 알 수 있도록 하는 것이 좋습니다.

사람들에게 너무 많은 정보를 제공할 필요는 없습니다. 주의집중을 하고, 인과관계에 따라 이야기합니다. 마지막으로 예상되는 효과에 관하여 이야기를 하는 패턴으로 말하기를 해보시기 바랍니다. 다른 사람들에게 설득하며 이야기하는 가장 기본적인 방법입니다.

3) 순서대로 말하는 방법

학생들의 문제행동에 관한 상담을 진행하는 경우가 있습니다. 자신이 한 행동에 관하여 설명하지 못하기도 하죠. 학생들이 순서대로 말하는 것에 관한 연습이 되어 있지 않기도 합니다. 어떤 물건의 사용법을 설명하거나, 사건의 발생에 관한 설명이 필요한 경우가 있습니다. 순서대로 말하는 방법에는 어떠한 것들이 있는지 확인해 보겠습니다.

📖 원인과 결과를 생각하기

순서대로 말하는 방법을 연습할 때는 인과관계에 따라 말하는 것입니다. 원인이 있으면 결과가 있죠. 반전 효과를 얻기 위해 결과를 먼저 제시하고 원인을 설명하기도 합니다. 예를 들어, 학교폭력 사안을 확인한다고 생각해봅시다. 학생이 어떠한 피해를 입었고, 그 장소에는 어떻게 가게 되었는지 원인을 생각하고 말하게 합니다. 처음에는 잘되지 않을 수도 있습니다. 기억이 정확하지 않기도 하거든요.

여러 번의 대화를 주고받다 보면 자신이 있었던 일에 관하여 생각하고 말하게 되잖아요? 이때 생각이 정리됩니다. 말하다 보면 글로 정리할 수 있겠다는 생각이 들거든요. 이때 상황을 글로 정리하도록 합니다. 한두 번 정도 하다 보면 쉽게 할 수 있습니다. 글로 적어보면서 다시 한번 상기해 보면 순서대로 말하는 것이 어렵지 않습니다.

🗒 생각하고 행동하기

어떤 행동을 할 때 두 번만 생각하고 행동하면 신중하게 일 처리를 할 수 있습니다. 일 처리를 위한 효율적인 방법을 생각해봅니다. 이렇게 진행했을 때 어떠한 결과를 가지고 오게 될지 생각합니다. 키워드를 메모해 보고요. 생각력을 실천에 옮겼을 때 순서대로 말하는 방법이 쉽게 다가오기도 합니다. 일상생활을 살아가면서 목적을 가지고 생활하는 것이 좋습니다. 순서대로 말할 때도 어떤 목적을 가지고 있었는지 설명할 수 있게 됩니다.

🗒 플래너와 일기 쓰기

순서대로 말하는 것을 가장 쉽고 빠르게 할 수 있는 것은 플래너 쓰기와 일기 쓰기입니다. 하루의 일과를 계획하고, 정리하는 거죠. 모든 일이 순서대로 정리됩니다. 아침부터 저녁까지의 일과를 먼저 머릿속에 떠올려봅니다. 플래너를 작성해보는 거죠. 어떻게 계획적으로 움직일 수 있는지도 함께 고민해봅니다. 일기를 쓸 때는 시간 순서로 기억해봅니다. 플래너에 작성한 계획이 얼마나 잘 실행되었는지도 기록합니다.

플래너 쓰기와 일기 쓰기는 계획성 있는 생활을 해주기도 하지만 전략적으로 살아갈 수 있게도 합니다. 하루하루를 계획하고 정리해

보면서 자신의 삶을 되돌아볼 기회를 제공합니다. 거기에 어떠한 행동을 하겠다는 다짐을 하게 되면서 계획된 우연을 맞이하기도 하죠. 반복해서 연습하다 보면 자신의 삶을 주관하면서 나다움을 실천할 수 있는 계기를 마련할 수 있습니다.

순서대로 말하는 것이 그리 어려운 방법은 아닙니다. 계획성 있게 살아가고 원인과 결과를 생각해보는 거죠. 잠시 생각하고 행동하는 것이 살아가는 데 많은 도움이 됩니다. 우린 학교나 학원, 집에서 다양한 사람들과의 관계성을 바탕으로 성장해 나갑니다. 어떤 생각을 가지고 누군가를 만나기 위해 필요한 것은 무엇인지 생각하고 행동할 수 있어야 합니다.

5. 쓰기 연습

1) 습관적으로 글쓰기 하는 방법

글쓰기를 두려워하지 않는 방법이 있습니다. 습관적으로 쓰는 거죠. 그냥 씁니다. 아침에 일어나서 쓰고, 이동한 이후에 앉아서 쓰고, 점심 식사 후에 씁니다. 처음이 어렵지 일단 습관이 되면 쉬워집니다. 일상을 기록하는 것과 비슷하기는 한데 주제를 달리하는 것이 좋습니다. 습관적으로 쓸 수 있는 방법을 확인해 봅니다.

저도 아침 루틴을 실행하면서 책을 읽는 데에 집중했습니다. 3달 동안은 아침 시간에는 쓰는 것보다 책을 읽는 데 집중했습니다. 어느 순간 글을 쓰는 시간을 조금씩 늘리기 시작했습니다. 소량의 분량만 책을 읽고 글쓰기에 집중하다 보니 변화가 생겼습니다. 글을 쓰기 위해 생각을 하잖아요? 생각의 양이 많아지기 시작했습니다. 생각을 조리 있게 정리하는 것이 필요하게 되었죠. 블로그에 남기는 글도 세 가지로 정리하기 시작했습니다.

📖 하나의 주제를 세 가지로 정리해보기

세 가지로 정리하는 것도 습관의 일종입니다. 주제에 관한 글감을 모으고 3가지로 나열해 봅니다. 세 가지로 생각해보고 기록하는 습관을 들여보세요. 하나의 주제를 세 가지로 생각해 보고 글로 정리하는 거예요. 짜여진 틀에 완성된 느낌이 들게 됩니다. 하나하나 완성하다 보면 쉽게 정리될 수 있습니다. 마치 지금 글을 쓰고 있는 것처럼 어렵지 않게 하나의 단락이 완성됩니다.

매일 아침 하나의 주제를 선정합니다. 주제에 맞는 세 가지 이유를 생각하고 살을 붙여나갑니다. 처음에는 쉽지 않습니다. 하나씩 하나씩 완성해 나가면서 성공감을 맛보게 되죠. 일종의 자기만족입니다. 자기만족이 매일같이 반복되면 쉽게 이루어낼 수 있습니다. 계속 노력하면 예측하지 못하는 성공을 이루기도 합니다. 자신의 성장한계는 알 수 없으니까요. 계속 노력하는 것도 필요합니다.

📖 그릿을 실천하기 – 노력과 끈기

습관적으로 글을 쓰기 위한 두 번째 방법은 노력입니다. 어떤 일도 노력하지 않으면 이루어지지 않습니다. 하나의 목표를 정하고 목표를 달성하기 위한 방법을 찾아서 실행합니다. 잘못된 방법을 선택했다면 수정해서 다시 도전합니다. 성공을 위한 방법을 찾는 거죠. 몇 번 실행하다 보면 자신의 노하우를 찾게 됩니다. 자신만의 방법으로 성공감을 맛보는 것이 중요합니다.

성공한 사람들의 특징을 살펴보면 쉽게 포기하지 않기도 합니다. 물은 섭씨 100도에서 끓습니다. 대부분의 사람들이 물이 끓어오르기 직전에 포기하는 경우를 보게 됩니다. 조금만 더 노력하면 달성할 수 있는 건데 말입니다. 끈기를 가지고 끝까지 노력하다 보면 목표를 대부분 달성합니다. 쉽게 포기하지 않고 최선을 다하는 것이 필요합니다.

📖 반복으로 습관 만들기

습관적으로 쓰는 세 번째 방법은 반복입니다. 반복해서 실행하다 보면 습관이 됩니다. 루틴이 만들어지는 거죠. 저는 아침에 출근하면 매일 아침 운동장을 3~5바퀴 걷습니다. 가끔 뛰기도 합니다. 컨디션이 좋지 않은 날은 2바퀴만 걷기도 합니다. 약간의 차이가 있지만 매일 반복하죠. 매일 반복하는 일상은 엄청난 결과를 만들어내기도 합니다. 지금 글을 쓰고 있는 것도 반복된 루틴 중의 하나니까요.

습관적으로 하루에 하나씩 주제를 정하고 글을 써봅니다. 처음에는 모든 일이 쉽지 않습니다. 하나씩 하나씩 차근차근 해봅니다. 글을 쓰다가도 '누가 보면 어떻게 하지?'라는 생각하지 말고 그냥 써봅니다. 누가 뭐라고 하나요? 자기만족이 있으면 그만이죠. 물론 누군가가 나의 글을 읽어주기 바라고 글을 쓰는 것은 맞죠. 나만 보려고 글을 쓴다면 일기에 쓰면 되는 거죠.

많은 사람들이 자기계발에 투자하고 있는 시기입니다. 반복된 일로 습관을 만들어내기 쉬운 방법이 있습니다. 어떤 행동이 이루어진 뒤에는 '이것을 꼭 할 거야'라는 다짐을 하는 거죠. 예를 들면, '음식을 먹은 뒤에는 바로 설거지를 할 거야'라고 생각하고 실행에 옮기는 것처럼 말입니다. 습관을 만들어내는 가장 쉬운 방법이기도 합니다.

2) 이벤트(사건, 상황) 기록하는 방법

글쓰기를 할 때 말하듯이 쓰는 것이 중요하다는 것은 알고 계실 겁니다. 글을 소리 내어 읽었을 때 거부감 없이 이야기할 수 있는 글을 써야 합니다. 일상의 기록에도 말하듯이 써내려가야 합니다. 어떠한 방법으로 말하듯이 글쓰기를 하는 것이 좋을까요? 어떻게 글을 쓰는지 방법을 알아보겠습니다.

📖 시간순으로 작성하기

가장 기본이 되어야 하는 것은 시간순으로 써야 한다는 겁니다. 시간의 흐름이 뒤죽박죽인 경우 이해를 하기 어렵습니다. 영화의 시나리오에서 식스센스와 같은 반전이 필요하기도 합니다. 반전에 반전을 거듭하더라도 결국은 시간의 흐름에 따른 전개 방법을 사용합니다. 혼란스럽게 글쓰기를 하는 경우 재미없는 글이 되기도 합니다. 사람들이 보지 않는 글이 되죠.

글이라고 하는 게 다른 사람이 읽어주고 공감해주는 것을 목적으로 작성을 하잖아요? 물론 일기 같은 나의 만족이나 성취감을 얻기 위해 작성하는 글도 있습니다. 시간순으로 글을 쓰면 좋은 점이 있습니다. 어떠한 일에는 반드시 원인과 결과가 있습니다. 인과관계가 명확한 글을 쓸 수 있다는 겁니다. 시간의 흐름과 인과관계는 떼려야 뗄 수 없는 관계입니다.

📓 교훈이나 느낌 기록하기

이벤트에서 얻은 교훈이나 느낌을 기록하기도 합니다. 각각의 사건에 관한 기억을 글로 남기는 거죠. 좋았던 일, 슬픈 일, 화난 일 등여러 가지 감정을 생각해서 기록으로 남깁니다. 상황에 따른 내 생각을 기록해보고 감정을 어떻게 조절할 수 있는지에 관한 생각도 해봅니다. 어떤 상황에서 '이런 행동은 정말 잘했어.'라고 스스로 칭찬을합니다. 반대로 '이건 안 해도 될 행동이었지.'라는 생각의 기록을 남기는 것만으로도 행동이 개선되기도 합니다.

자신을 객관적으로 판단할 수 있도록 '메타인지'를 활용할 수 있도록 합니다. 대부분의 사람들은 자신이 가치중립적이라고 생각을 합니다. 실상은 그렇지 않은 경우가 대부분이지요. 자신을 객관적으로바라보지 못하는 경우가 많습니다. 나의 과거와 현재, 미래를 응축시켜서 생각해야 합니다. 현재 글을 써내려가면서 과거를 만들어냅니다. 생각한 내용을 글로 쓰는 과정은 다가오는 미래를 맞이하는 방법입니다.

📓 만남에 관한 느낌 기록하기

사람들과의 만남에 관한 기억을 글로 남깁니다. 추억을 글로 표현하는 거죠. 추억을 소환한다고 하나요? 글로 남긴 기록들을 시간이 흐른 뒤에 읽어보면 재미있게 느껴지기도 합니다. 학창 시절에 써두었던 일기장을 우연히 발견하고 그 자리에서 읽어보았던 기억이 있으신가요? 흐뭇한 미소를 지으며 과거의 나를 만나게 됩니다. '이땐 어려서이렇게 생각했었구나.', '○○는 이런 성격의 친구였구나.' 하는 거죠.

내가 생각한 다른 사람의 친근함, 편안함 등에 관한 기억을 남기는 겁니다. 물론 좋지 않은 기억들도 있을 수 있습니다. 자신의 감정을 드러내는 것도 좋지만 긍정적인 사고를 하는 것도 필요합니다. 사람들과의 만남을 가지면서 다른 사람에게 배울 점은 어떤 것이 있는지 생각해봅니다. '이런 행동을 하는 것은 불쾌감을 줄 수 있구나.'라고 생각해보는 것도 좋습니다.

　일상을 기록하는 방법에는 여러 가지가 있습니다. 일기를 쓰듯이 일과를 기록하죠. 사건을 중심으로 기록하기도 합니다. 사람이나 반려동물을 중심으로 기록하기도 하고요. 라디오의 사연을 듣고 느낀 점을 기록하기도 합니다. 일상 기록에도 경험을 통한 생각이 필요합니다. 생각한 내용을 기록으로 남기는 거니까요. 사람들과의 만남을 가지면서 느끼는 생각을 글로 남겨보면서 자신의 내면이 발전되기도 합니다. 자기성찰적인 행동으로 이벤트를 기록해 보시기 바랍니다.

6. 일기 쓰기

1) 일상을 기록하는 방법

글쓰기를 할 때 어떤 것을 써야 할지 막막할 때가 있습니다. 이때
는 하루의 일과를 기록해보세요. 일기 쓰는 것처럼 말입니다. 시간
순으로 써보기도 하고, 이동하는 일과를 써보기도 합니다. 어떤 장
소를 방문했다면 장소에 관한 기록을 남기는 것도 좋습니다. 자신의
환경에 맞는 글쓰기 방법을 터득하는 것이 좋습니다.

하루의 일과를 써보기

방학이 끝날 무렵 개학을 앞두고 일기를 몰아서 써본 경험 있으시
죠? 어렸을 적 일기 쓰기는 학교에서 내주는 숙제이기도 해서 거부
감이 있었습니다. 누군가 나의 일상을 감시한다는 느낌이 들어서 쓰
지 않기도 했습니다. 지금은 일기 쓰기를 하더라도 자신만 볼 수 있

습니다. 공개되어도 괜찮다면 블로그나 SNS에 기억날 때마다 기록을 남기는 것도 좋습니다. SNS에 남기는 것도 다 모아보면 일기가 될 수 있으니까요.

일기를 쓰듯이 일과를 써보는 것이 좋습니다. 아침에 일어나서 하는 모든 것을 기록해 보세요. 생활을 확인하고 개선이 될 수 있습니다. 반성을 하기도 하고요. 미래에 관한 계획을 다시 세워보기도 합니다. 다양한 방법으로 나의 삶을 돌아볼 수 있습니다.

📖 느낌 기록하기

일상을 기록으로 남길 때 주제를 선정하지 못하는 경우가 있습니다. 이때에는 보이는 사물이나 사람을 대상으로 쓰기도 합니다. 날씨라든가 몸으로 감각할 수 있는 느낌을 적어보기도 하고요. 내가 느끼고 생각하는 모든 것을 기록으로 남기는 것도 좋습니다. 내가 오늘을 살아가는 것에 관한 기록들이죠.

글쓰기는 내 생각을 기록하는 겁니다. 내 생각을 글로 기록했는데 다른 사람들의 공감을 받으면 기분이 좋습니다. 내가 혼자 보기 위해 기록하는 경우는 그렇게 많지 않잖아요? 글을 쓰면서도 누군가가 내 생각을 공감해 줬으면 하는 생각을 가지게 됩니다. 함께 생각을 공유하는 사실만으로도 살아있음을 느낄 수 있습니다.

📖 장소의 이동에 따른 글쓰기

하루를 살아가면서 시간에 따라 장소의 이동을 하기도 합니다. 집에만 계속 있는 날도 있고요. 일과에 따라서 출근을 하는 과정에 있었던 일도 기록합니다. 출근하면서 차 안에서 들었던 라디오 사연 내용에 관한 생각도 기록하고요. 운동장을 돌면서 들었던 생각도 기록합니다. 일을 하기 위한 공간에서 보이는 것들에 관한 기록도 남기고요.

장소의 변화에 따라 생각이 조금씩 달라지기도 합니다. 장소가 변화하더라도 글을 쓸 때는 독자를 한정하고 쓰는 것이 좋습니다. 독자에게 설명하듯이 씁니다. 쉽게 읽을 수 있도록 하는 거죠. 어떤 글도 다른 사람이 읽지 않으면 가치가 없습니다. 독자의 반응을 끌어낼 수 있는 글을 써야 합니다. 저도 계속 노력하고 있지만 좋은 글쓰기는 하루아침에 이루어지지 않습니다. 반복된 글쓰기 연습을 통해 하루하루 달라지는 모습을 확인할 수 있습니다.

처음에는 '뭘 써야 하지?'라고 생각했다가도 글을 쓰기 시작하면 여러 가지 생각들을 기록할 수 있게 됩니다. 글쓰기 습관이 붙으면 어렵지 않게 작성할 수 있습니다. 많은 생각을 해보고 기록하는 것이 좋습니다. 생각나는 대로 글을 써봅니다. 나중에 퇴고하는 과정에서 필요 없는 내용이나 중복된 글은 삭제하면 되니까요. 많은 시행착오를 거치면서 성장할 수 있습니다. 어제보다 0.1%씩은 성장한다고 하는 믿음을 가지고 글쓰기를 시작하시기 바랍니다.

2) 감사일기를 작성하는 방법

많은 자기계발서에서 공통으로 강조하는 일이 있습니다. 긍정적인 사고를 하고 감사일기를 쓰라는 거죠. 삶을 살아가면서 마음을 안정적으로 만들어 줄 수 있는 방법이기도 합니다. 진정한 자산은 내면의 성장을 이루는 것입니다. 자신의 삶의 주관자가 되어 다른 사람들에게 선한 영향력을 줄 수 있습니다. 감사일기를 무조건 아무거나 쓰는 것보다는 다음의 3가지를 생각하면서 작성해 보는 것을 추천합니다.

📖 감사한 사람 선정하기

다른 사람의 영향을 받아 성장한 사람들이 많습니다. 모든 사람은 관계성을 바탕으로 성장하거든요. 하루에 한 번 감사일기를 작성합니다. 하루 중 가장 감사한 사람을 선정해서 작성하는 것을 추천합니다. 여러 가지 이벤트가 있었고, 그중에서 어떤 사람이 도움을 준 것이 가장 기억에 남았다는 기록을 합니다. 다음에 이런 도움을 다른 사람에게 전파하고 싶다는 다짐을 작성합니다.

특정한 사람에게 감사함을 표현하는 것이 필요한 이유가 있습니다. 다른 사람들에게 비슷한 상황이 생겼을 때 내가 도움을 줄 수도 있기 때문입니다. 이타성을 통해 성장하는 것을 느낄 수도 있고요. 길을 가다가 돌발상황이 생기더라도 망설이지 않고 다른 사람을 생각하고 행동할 수 있는 기반이 됩니다. 자기 자신을 사랑하는 것을 기반으로 다른 사람을 사랑할 수 있는 거죠.

📖 감사한 시간 기록하기

하루의 일과 중에서 감사한 시간을 기록해 봅니다. 특정한 시간에 내가 성장할 수 있는 무엇인가를 달성할 수도 있습니다. 혼자 공부를 하다가도 성찰을 통해 깨달음을 얻었을 수도 있고요. 자격증시험 결과가 발표되었던 시간을 기록해 보면서 '그 시간에 정말 감사함을 느꼈어.'라고 생각해 보는 거죠. 하루를 살아가면서 행복한 시간을 기록으로 남기는 것은 정말 감사한 일입니다.

보통 감사일기 작성은 저녁에 하는 것이 좋습니다. 하루를 돌아보고 정리하면서 기록하는 거죠. 매일 같은 시간에 감사일기를 작성하는 것도 좋습니다. 감사한 상황이 발생했을 때 메모해 두었다가 기록을 하죠. 특정한 시간에 기록하는 것은 긍정적인 생각을 하고 행동할 수 있도록 도움을 줍니다. 반복되는 습관으로 루틴을 만들어가는 것이 좋습니다. 생활 속에서 긍정을 실천하는 사람이 될 수 있습니다.

📖 핵심 일정 선정하기

하루의 일과를 돌아보면서 감사일기를 작성합니다. 이때 핵심 일정을 선정해서 감사하는 것을 추천합니다. 내가 어떠한 성과를 얻었는지, 어떤 사람의 도움을 받았는지도 함께 기록하는 거죠. 하루하루 비슷한 일과가 반복될 수도 있고, 그날만의 기억이 될 수도 있습니다. 사람들의 감정은 경험에 따라 달라집니다. 같은 상황을 보고도 기억하는 내용이 다르고, 느끼는 감각이 다릅니다. 당연히 감사한 포인트도 다르죠.

그날만의 이벤트에 감사함을 가지는 것이 좋은 이유가 또 있습니다. 월말이나 연말이 되면 삶을 돌아보기도 하잖아요? 감사할 수 있는 기억은 한 해를 정리할 때도 도움이 됩니다. 하루하루의 좋은 기억이 누적되는 거죠. 내일은 오늘보다 0.1% 성장한 나를 만날 수 있습니다. 일상에서 좋은 기억을 가지는 것은 삶을 살아가는데 긍정적인 활력소가 될 수 있습니다.

나의 몸과 마음을 챙기는 것이 자기계발의 기본입니다. 매일 일과를 정리해보면서 긍정적인 사고를 하는 힘이 되죠. 아침에 플래너를 작성합니다. 계획한 일정을 얼마나 잘 소화했는지를 확인해 보고요. 감사함을 찾아봅니다. 삶의 경험이 매일 똑같지는 않습니다. 하루하루 감사함의 강도나 포인트가 달라질 수 있습니다. 감사일기는 나 자신과의 대화입니다. 긍정적인 사고를 할 수 있는 계기가 되는 거죠. 다양한 경험을 통해 성장하는 사람이 되기를 바랍니다.

3) 말하듯이 써내려가는 방법

기록으로 남기는 이유는 무엇일까요? 말은 오랜 기간 전달되지 못하기 때문입니다. 글쓰기보다 말하기가 발달될 수밖에 없는 거죠. 강원국 작가님 외 다수의 작가님들이 글쓰기를 할 때 말하듯이 쓰라고 합니다. 왜 말하듯이 써야 할까요? 다른 사람의 말을 듣는 데 익숙해져 있습니다. 말하듯이 쓰면 작가의 의도를 정확히 전달할 수 있습니다.

예전에는 신문기사를 읽으면 한자어가 대부분이었습니다. '은, 는, 이, 가'를 제외하고 대부분 한자였죠. 글을 읽는다는 것은 지식인들의 전유물인 것처럼 느꼈던 시절도 있습니다. 한동안 광고에 영어를 섞어서 이야기하던 경우도 있었습니다. 지금은 이런 글쓰기는 많이 변화했습니다. 대부분의 사람들이 우리말을 사용한 소통에 익숙해져 있기 때문입니다.

📖 한 사람에게 이야기하듯이 쓰기

글쓰기를 할 때는 어떤 한 사람에게 이야기하듯이 써내려가야 쉽게 쓸 수 있습니다. 어떤 일을 설명한다고 생각해봅시다. 일의 순서를 알려주어야 합니다. 이 일은 어느 부분에 포인트를 두어야 하는지 알려줍니다. 전체적인 진행을 위한 시간 관리는 어떻게 해야 하는지를 설명해야 합니다. 옆에서 차분하게 설명하는 것처럼 글을 써야 합니다.

쓰기는 말하기의 기본입니다. 잘 썼다고 생각하는 글도 읽어보면 어색하기도 합니다. 책을 읽다가 어색한 문장을 만나면 딱딱하다고 느껴지는 이유입니다. '초고는 쓰레기'라는 말도 여기에서 나옵니다. 글을 쓰고 나서 여러 번 반복해서 읽고 고쳐야죠. 말하듯이 써놓아야 글을 읽는 독자도 편하게 읽을 수 있습니다.

📖 하나의 주제로 쓰기

글을 쓸 때는 하나의 주제로 써야 합니다. 문장을 구성할 때도 하나의 문장은 하나의 주장을 하는 것이 좋습니다. 주장하는 내용이 다른 내용이 한 문장에 들어있다고 생각해봅시다. 전달하려고 하는 내용이 무엇인지 애매모호해지기도 합니다. 하나의 주제로 구성해서 주장을 명확히 해야 합니다.

말을 할 때도 하나의 수장을 하는 것이 설득력 있어 보입니다. 토론을 한다고 생각해 봅시다. 주제에 관하여 논거를 들어가면서 설득해야 합니다. 갑자기 찬성을 했다가 반대를 했다가 하는 표현은 혼란스럽게 만들 수 있습니다.

📖 두괄식으로 구성하기

문장을 구성하는 데는 여러 가지 방식이 있습니다. 어떤 주장을 하고자 할 때는 두괄식의 문장을 구성하는 것이 좋습니다. 틱톡이나 쇼츠 영상 많이 보죠? 15초 이내에 모든 내용이 전달됩니다. 요즘 사람들은 요점 없이 늘어지는 것을 싫어합니다. 영상도 처음부터 어떤 내용인지 확인할 수 있어야 보거든요. 두괄식의 문장 구성은 글을 읽기 편하게 만듭니다. '어떤 내용으로 작성되었겠구나.'라고 생각할 수 있기 때문에 선별하기도 편합니다.

이야기를 하면서 '이러저러해서 이러한 결론을 얻었습니다.'라는 말을 하다 보면 지루해하기 좋습니다. 상담을 하거나 면접을 볼 때, 친구들 앞에서 발표할 때도 두괄식 문장을 구성하는 것이 좋습니다. 내 생각을 정확하게 전달할 수 있습니다. 나의 의사 표현을 명확히 표현할 수 있도록 두괄식 문장을 구성하는 것을 추천합니다.

글을 쓸 때는 말하듯이 써내려가는 것이 중요합니다. 두괄식 문장으로 구성한 하나의 주제를 한 사람에게 설명한다고 생각하고 쓰세요. 쉽게 문장을 구성할 수 있습니다. 저도 한 문장 쓰고 다음에 뭐 쓰지? 하고 한 문장 쓰고 했던 적이 있습니다. 지금 보면 웃음이 나기도 합니다. 계속 쓰다 보면 성장하는 나를 만날 수 있습니다. 과거의 노력이 모여 현재의 나를 만나게 됩니다. 현재가 계속 과거가 되죠. 하나씩 하나씩 써내려가면서 미래의 나도 만날 수 있습니다. 계속 노력해야 하는 이유입니다.

7. SNS 글쓰기

1) 브런치나 블로그에 글 쓰는 방법

사람들은 인스타그램, 페이스북, 블로그, 브런치 등 여러 가지 SNS를 활용하여 소통하고 있습니다. 다른 사람들의 삶의 한 면을 보면서 자극이 되기도 하고요. 함께 성장하는 원동력이 되기도 합니다. SNS에 글을 쓸 때 어떻게 쓰면 효율적일까요? 꾸준히 한 가지 일을 하다 보면 언젠가 기회가 오게 됩니다. 아무렇게나 쓰는 것보다는 목적을 가지고 글을 써야 하죠. 블로그나 브런치에 글을 쓰는 방법을 알아보겠습니다.

📖 어떤 이야기를 할 것인가?

SNS는 불특정다수가 볼 수 있는 플랫폼입니다. 어떤 이야기를 할 것인지 명확하게 해 두어야 타깃이 정해지죠. 나만이 할 수 있는 이야기라면 좋습니다. 전공 분야를 설정해도 되고요. 하고 있는 일을 대상으로 해도 됩니다. 누군가에게 나의 지식을 설명해 줄 수 있는 내용으로 구성을 해도 되겠군요. 내가 이야기하고 싶은 이유는 무엇인지도 함께 설정하고 글을 작성해 봅니다. 자신이 가장 잘할 수 있는 내용을 쓰면 됩니다.

어떤 이야기든지 꾸준히 써야 합니다. 비슷한 주제의 글을 쓰더라도 시간이 흐르면 전혀 다른 새로운 글이 되기도 합니다. 시간 날 때 틈틈이 써내려가면서 조금씩 발전하는 나를 발견하게 됩니다. 성장이 이루어지는 것은 자신이 느낄 수 있는 거죠. SNS에 글을 쓰는 것은 '다른 사람들이 내 글을 읽어주었으면' 하는 바람도 있습니다. 거기에 자기만족이 더해지고 소통까지 이루어질 수 있습니다.

📖 누구에게 전달할 것인가?

어떤 이야기를 할 것인지 결정했나요? 다음으로는 누구에게 전달할 것인지 설정해야 합니다. 대상을 정해두어야 글이 명료해지고 명확해집니다. 어떤 기술을 처음 접하는 사람을 대상으로 할 것인지, 숙련된 사람을 대상으로 할 것인지를 결정하게 되면 글의 내용과 깊이도 다르겠지요? 어떤 사람을 대상으로 할 것인가에 따라 글의 내용과 깊이가 달라지게 됩니다.

내 글을 보는 사람들은 어떤 부류인지 생각해 보고 글을 작성합니다. 꾸준히 글을 쓸 수 있는지도 판단해 봅니다. 3개월 이상 비슷한 주제의 글을 작성하다 보면 SNS를 통해 알려질 수 있습니다. 나의 글을 필요로 하는 사람들은 어떤 성향을 가지고 있고, 어떠한 정보를 원하는지도 함께 고민하고 글을 씁니다. 시간 날 때 틈틈이 쓸 수 있는 내용의 글이라면 부담 없이 써내려갈 수 있겠지요.

📖 무엇을 전달할 것인가?

전달할 내용이 있기 때문에 글을 쓰게 됩니다. 무엇을 전달할 것인지 글의 목적과 목표를 명확하게 설정하고 글을 써내려가야 합니다. 전달하고자 하는 메시지가 있어야 하고요. 메시지 없이 푸념만 늘어놓는 경우는 읽다가도 쉽게 지치게 됩니다. 자기계발하는 방법에 관한 내용을 전달한다고 생각해 보자고요. 어떻게 루틴을 설정하면 습관이 될 수 있는지에 관한 구체적인 방법을 작성해 봅니다.

어떤 일을 계기로 어떻게 자신이 변화했는지를 기록해 보는 것도 좋습니다. '내가 이렇게 바뀌었으니 이렇게 해보세요.'라고 권유하는 방법도 좋고요. 글을 읽는 사람들이 어떻게 변화했으면 하는지에 관한 바람도 기록해 보세요. SNS를 통해서 소통하다 보면 지금의 트렌드를 파악할 수 있습니다. 꾸준히 내 생각을 기록하면서 대상에 관한 사람들의 생각도 파악할 수 있고요.

SNS를 통한 소통 방법에 익숙해지다 보면 글 쓰는 능력이 향상될 수 있습니다. 어떤 이야기를 누구에게 무엇을 전달할 것인지를 명확히 해두고 글을 써내려가 보세요. 하나의 주제를 설정하고 목차를 구성해서 하나씩 매일 써내려가는 방법도 좋겠습니다. 글 읽는 사람들이 어떻게 변화했으면 하는 바람도 담아서 글을 쓰다 보면 언젠가 기회가 찾아올 겁니다. 저도 곧 기회가 있겠죠?

2) 쉽게 브런치에 글 쓰는 방법

제가 SNS에 글을 쓰기 시작한 곳은 '브런치'입니다. 다음카카오에서 운영하고 있죠. '브런치'는 모든 사람이 글을 쓸 수 있지 않습니다. '작가'로 선정된 사람만 작성이 가능하죠. '브런치 고시'라는 말이 있을 정도로 브런치 작가가 되기가 쉽지는 않습니다. 저는 우연한 기회에 브런치 작가가 되었고, 지금도 글을 남기고 있습니다.

브런치에 아무 글이나 올려도 되기는 합니다. 다른 사람들이 읽어 준다면 말이죠. 플랫폼의 목적이 달라서일까요? 약간의 차이가 있습니다. 브런치는 책을 만드는 데 목적이 있거든요. 전자책이나 종이책 등의 책을 구성해야 하니까요. 상대적으로 블로그는 각각의 쪽글로도 의미가 전달될 수 있습니다. 브런치에 글을 올리고 구성하는 방법에 관하여 알아보겠습니다.

📖 가장 자신 있는 분야의 주제 선정

브런치에 글을 올릴 때는 가정 자신 있는 분야의 주제를 선정하는 것이 좋습니다. 일단 작가 선정을 받으셔야 하잖아요? 하나의 주제를 선정하고 세 꼭지 정도의 글을 작성해봅니다. 책을 구성한다는 생각으로 쓰시는 게 좋습니다. 각각의 내용이 독립적이다 보면 선정이 되지 않기도 합니다. 책의 목차를 구성하고, 내용 요소를 선정해서 주제에 관한 글쓰기를 합니다.

제가 자신 있는 주제를 선정하라고 말씀드린 이유가 여기에 있습니다. 하나의 주제에 관한 글감이 여러 개 있을 겁니다. 목차를 작성하고 거기에 맞는 글감으로 1꼭지를 구성합니다. 최소 3꼭지는 작성해 두어야 합니다. 자신이 전문가의 입장에서 전달하고자 하는 바를 작성해두는 것도 좋습니다. 소설을 쓴다고 하면 각각의 구성 요소를 정확히 전달하고 있는지도 확인해 보는 것도 필요합니다.

📔 스토리텔링을 생각하면서 글쓰기

블로그와 브런치의 글 쓰는 방법이 다른 이유가 있습니다. 브런치에는 상대적으로 전문적으로 쓰는 작가가 되기 위한 작가 지망생과 작가님들이 많습니다. 책을 구성한다고 했을 때 가장 필요한 요소는 뭘까요? 스토리텔링 여부입니다. 독서를 할 때 처음에 몇 장을 읽어 보고 재미있겠다고 생각되어야 나중의 내용도 술술 읽힙니다. 그렇지 못한 경우에는 책을 덮어버리거나 내용이 머릿속에 들어오지 않기도 합니다.

스토리텔링의 요소는 여러 가지 플랫폼에 공통적으로 활용됩니다. 유튜브 영상을 구성할 때도 필요하죠. 지금 블로그와 브런치를 비교해서 말씀드리고 있는데요. 블로그에는 스토리텔링이 필요 없다는 것이 아닙니다. 브런치에 쓰인 글의 스토리텔링적 요소가 강하다는 겁니다. 어떤 글도 쓰고 싶은 대로 쓰면 크게 문제가 되지는 않습니다.

📔 글의 목차를 구성하고 쓰기

브런치에 글을 쓸 때 블로그와 다른 내용이 하나 더 있습니다. 글의 목차를 먼저 구성하고 작성하는 겁니다. 브런치에는 매거진과 브런치북이 있습니다. 매거진에 1꼭지의 글을 계속 작성해서 모아두죠.

매거진을 바로 책으로 엮기도 하고요. 목차를 만들고 브런치북을 발행하기도 합니다. 처음부터 목차를 구성해두면 글을 쓰기가 편합니다. 글을 쓰는 단계부터 연속성이 있죠. 글을 읽을 때 이질감이 많이 느껴지지 않습니다.

브런치는 작가의 발행글을 구독할 수 있습니다. 블로그 이웃글 보기와 유사한 방법인데요. 목차를 먼저 구성하고 글을 작성하면 독자가 글의 발행을 기다리고 있기도 합니다. 작가의 생각이 궁금하기도 하거든요. 모든 사람의 생각이 다르기도 하니까요. 목차를 먼저 구성하고 통일성 있게 글을 구성해보는 것이 좋습니다.

4차 산업혁명이라고 이야기하는 시대에 살고 있습니다. SNS 플랫폼은 굉장히 많습니다. 플랫폼의 성격에 맞게 글을 구성하는 것이 좋은 이유입니다. 글을 쓰면서 다른 사람들이 나의 글의 발행을 기다려줄 때 얼마나 기쁜지 모릅니다. 내 생각을 남긴 글이 다른 사람에게 필요한 무언가가 될 수 있다는 생각을 하게 되니까요. 이타성의 실천을 글로 남겨보는 것도 좋은 방법입니다.

3) 쉽게 블로그에 글 남기는 방법

논어에 이런 말이 있습니다. "배우기만 하고 스스로 생각하지 않으면 남는 것이 없다." 책을 읽거나 강의를 듣고 스스로 생각하는 시간을 가져야 하는 이유입니다. 생각한 내용을 인출하는 과정을 거치는 것도 중요하죠. 글로 표현하거나 말로 이야기해 보는 겁니다. 공부한 내용을 생각해 보고 글이나 말로 표현하는 것은 자기화된 공부를 하는 가장 좋은 방법입니다.

지금 제가 쓰고 있는 블로그는 내 생각을 표현하기 좋은 플랫폼입니다. 스마트폰으로도 접속이 가능하니 이동성도 좋습니다. 꼭 컴퓨터 앞에 앉지 않아도 되니까요. 내 생각을 글로 작성하는 것이 쉽지는 않습니다. 어떤 환경의 제약을 받아야 한다면 자유롭고 창의적인 생각이 되지 않기도 합니다. 블로그를 시작하려고 할 때 글을 쓰는 방법을 확인해 보겠습니다.

📖 자유롭게 작성하기

블로그에 글을 작성할 때 자유롭게 작성하면 됩니다. 특정 주제로만 작성해야 하는 건 아니거든요. 자기 생각을 표현하되 다른 사람들에게 필요한 내용으로 글을 쓰면 됩니다. 다른 사람들이 필요한 정보를 바탕으로 글을 작성하는 것이 좋습니다. 파워블로거나 인플루언서들의 글을 보면 정보를 제공하는 경우가 대부분입니다. 글이라고 하는 것이 나만 보면 일기입니다. 내 생각을 나누어주면 정보가 됩니다.

쉽게 작성하되 다른 사람들에게 필요한 정보를 제공해야 블로그에 접근하게 됩니다. 모든 글이 다른 사람들이 얼마나 공감을 했는지 얼마나 읽었는지 확인할 수 있습니다. 여러 글을 남기다 보면 다른 사람들이 어떠한 글에 반응하는지 체크할 수도 있습니다. 수시로 수정도 가능하니 부담 갖지 않고 자유롭게 글을 작성해보는 것도 필요합니다.

📖 2~3가지의 주제로 카테고리 설정하기

블로그에 글을 작성할 때는 처음부터 카테고리를 수십 개씩 만들어둘 필요는 없습니다. 저의 경우는 3개 정도의 카테고리로 시작을 했습니다. 나의 퍼스널 브랜딩을 실천할 수 있는 방법은 어떤 것이 있을까 생각해보고 자신 있는 분야의 글을 작성해 보세요. 2~3가지의 카테고리로 시작하는 것을 권합니다. 너무 많은 카테고리를 구분하다 보면 관리하기도 힘들지만 전문 분야가 어떤 것인지 알아보기 힘들기도 합니다.

자신의 전문 분야를 찾는 방법은 간단합니다. 내가 가장 자신 있게 할 수 있는 일은 어떤 것이 있는지 생각합니다. 이후에 종이에 써보는 거죠. 20여 가지가 넘는 분야를 작성할 수도 있습니다. 이 분야를 모두 전문 분야로 가지고 가는 것은 어려움이 있을 수 있습니다. 최근 3년간 주로 공부하거나 일했던 분야, 앞으로 3년간 내가 관심을 가지고 준비할 분야를 생각해보면서 3~5가지 정도의 분야로 간추려보는 것을 추천합니다.

📖 주제에 관한 글을 매일 작성하기

블로그를 시작하려고 마음을 가졌다면 꼭 권해드리고 싶은 내용이 있습니다. 매일 작성하는 겁니다. 일기 쓰듯이 매일 작성해보면 내 생각이 점점 발전하는 것을 느낍니다. 생각의 깊이가 깊어지고, 넓어집니다. 나무를 생각해보면 뿌리가 땅속 깊은 곳까지 자라게 되는 거죠. 뿌리가 깊이 자리 잡으면 가지가 튼튼하게 자랄 수 있습니다. 맺히는 열매는 더욱 탐스럽게 열리게 됩니다.

생각의 깊이는 순식간에 달라지지 않습니다. 꾸준한 노력이 필요합니다. 매일 자신의 전문 분야에 관한 독서를 하거나 강의를 듣고, 생각하고, 글을 남깁니다. 글을 쓸 때 말을 먼저 해보는 것도 좋습니다. 퇴고 과정을 거치면서 말을 해보는 것도 좋고요. 말하듯이 글을 쓰는 것이 읽기도 편하니까요. 매일 같은 분야의 공부를 해보면서 생각의 깊이가 달라지고 자기발전이 이루어지는 것을 느껴보시기 바랍니다.

사회가 발전하면서 모든 사람들의 전문 분야를 브랜드화하는 것을 쉽게 볼 수 있습니다. 블로그는 내 생각을 다른 사람들에게 알릴 수 있는 하나의 수단이 될 수 있습니다. 전문 분야에 관한 지식을 축적하고, 생각한 내용을 글로 남기는 과정을 통해 퍼스널 브랜딩을 실천하는 거죠. 점차 발전되어 가는 자신을 바라보면서 뿌듯함을 느껴보는 것도 좋습니다. 내일의 나는 오늘의 나보다 0.1%는 발전할 수 있습니다. 가장 좋은 방법은 블로그에 글을 남겨보는 겁니다. 지금 바로 시작하세요.

제3장

손자병법으로 알아보는
학교생활

1. 전략적 공부 습관

1) 적을 알라: 커리큘럼 이해

테트리스 게임을 하려고 합니다. 규칙을 알아야 게임도 재미있게 할 수 있습니다. 블록을 쌓으면서 한 줄이 채워지면 그 줄은 사라집니다. 블록이 맨 위까지 쌓이게 되면 끝나는 게임입니다. 블록의 모양을 바꿀 수 있고 단계가 진행되면서 속도가 빨라지게 됩니다.

"적을 알면 공격할 수 있고, 나를 알면 방어할 수 있다."

손무의 병법서 『손자병법』은 적을 알아야 한다고 말합니다. 적을 정확히 아는 것이 승리할 수 있는 지름길이기 때문이죠. 학교에도 적용해 볼까요? 학생들에게 적을 알아야 한다는 것은 어떤 것을 말할까요? 각 과목에 해당하는 교육과정을 파악해야 한다는 말입니다. 커리큘럼을 파악하면 각 과목에서 강조하고자 하는 것은 무엇인지,

내가 무엇을 공부해야 하는지 알 수 있습니다.

📖 학습 목표 파악

학습 목표를 파악합니다. 교육과정에는 어떠한 학습 목표로 교과서와 학습 내용이 구성되어 있는지 기록되어 있습니다. 학습 목표만 정확하게 파악해도 공부를 해야 할 내용이 무엇인지를 알 수 있습니다. 공부를 하는 데 어떤 점에 초점을 맞추고 공부할 수 있을지를 파악할 수 있죠. 과목별 학습 목표는 세부적인 내용의 파악에도 도움이 됩니다.

📖 요약 정리

가장 좋은 공부법은 스스로의 언어로 표현할 수 있어야 해요. 자신의 언어로 설명 가능해야 합니다. 교과서에서 강조하고 있는 내용이 요약정리가 되어야 합니다. 교과서의 내용을 파악하고 누군가에게 설명하듯이 공부를 하면 됩니다. 다른 사람에게 학습 내용을 설명하려면 내가 정확히 이해하고 있어야 가능하거든요. 지식은 갑자기 만들어지지 않습니다. 끊임없이 노력해야 하는 이유죠.

📖 목적 설정

목표를 세분화해야 합니다. 교과서 전체의 내용을 외우려고 하면 절대 외워지지 않습니다. 달성 가능한 내용으로 목표를 잘게 쪼개봅니다. 조금씩 쉬워집니다. 하나하나 조금씩 이해하고 나의 지식으로 만들어야 해요. 목표가 너무 높으면 쉽게 지치기도 하거든요. 공부할 내용을 내가 이해할 수 있는 단위로 쪼개보세요. 처음에는 어려울 수 있어요. 한 번만 해보면 다음부터는 쉬워질 거랍니다.

학습을 하는 데 가장 중요한 것은 교육 과정을 알아야 한다는 것입니다. 교과목에서 전달하고자 하는 내용은 무엇인지를 파악해야 하는 거죠. 완벽히 이해했다는 것은 무엇일까요? 다른 사람의 언어가 아닌 나의 언어로 표현이 가능하면 됩니다. 정확한 단어에 관한 설명과 용어의 정의, 내용, 특징을 잘 정리해 두세요. 공부한 내용을 누군가에게 설명하듯이 말해보세요. 내용의 이해가 더 빨라질 겁니다.

2) 전략적 계획: 시간 관리 및 학습 일정

발표를 하려고 합니다. 프레젠테이션을 준비하려고 하는데요. 무엇부터 해야 할까요? 먼저 주제에 관하여 생각해 보아야 합니다. 그리고 키워드를 찾아야죠. 10개 정도의 키워드를 찾은 후에 스토리를 구성합니다. 마인드맵으로 만들어보면 더 좋습니다. 이후에 프레젠테이션을 민들어보세요. 차근차근 연습하다 보면 발표 준비가 어렵지 않을 겁니다.

"자신을 준비하고 준비되지 않은 적을 잡기 위해 기다리는 사람이 승리할 것입니다."

시험 공부할 때 벼락치기한 경험 있으시죠? 공부를 해야 하는데 하루하루 미루다가 생기는 일입니다. 학습을 하기 위해서는 먼저 계획을 세우는 것이 중요합니다. 목적 달성을 위해 목표를 세부적으로 쪼개둡니다. 이때 달성 가능한 정도로 쪼개두는 것이 좋아요. 목표를 조금씩 달성하면서 성공을 위해 준비하는 거죠. 모든 과목을 전략적으로 조금씩 쪼개서 공부해두면 됩니다.

📖 루틴 설정

하루의 일과를 루틴으로 만들어둡니다. 루틴은 갑자기 만들어지지 않습니다. 일종의 습관이거든요. 안 하던 일을 갑자기 하려면 힘들잖아요? 몸에 힘이 들어가기도 하고 말이죠. 루틴은 하루의 계획을 세우고 실천하는 과정을 반복하면서 자연스럽게 만들어집니다. 반복하면 힘을 들이지 않고도 일을 처리할 수 있습니다. 좋은 습관을 만들면 힘을 들이지 않고 자연스럽게 공부를 할 수 있어요.

📖 조금씩 꾸준히

공부는 몰아서 하지 말고 조금씩 해야 합니다. 과목별로 조금씩 세부적인 단위로 나누어 공부합니다. 예를 들면, 소주제나 주제별 학습 목표를 나누는 것도 좋아요. 여러 과목을 한꺼번에 공부하면 힘들 거 같잖아요? 주제별로 조금씩 쪼개진 내용을 다루는 경우는 키워드 위주의 공부를 할 수 있거든요. 생각보다 힘들거나 어렵지는 않습니다. 성취 가능한 단위로 쪼개서 공부해 보세요.

📖 반복 학습

공부할 때는 반복 학습을 해야 합니다. 매일 공부를 하다 보면 자연스럽게 이루어지기도 합니다. 목표 달성을 위해 반복해서 공부하다 보면 외우려고 하지 않아도 머릿속에 정리되어 있을 거예요. 이해가 가지 않는 내용이나 문장이 있는 경우도 있잖아요? 여러 번 읽고 생각하다 보면 자연스럽게 해석이 되기도 합니다. 반복 학습이 도움이 되는 이유입니다.

공부를 하는 것은 자기관리와의 싸움입니다. 하루를 루틴으로 만들어두고 실행하는 것이 좋습니다. 아침에 일어나서 하루의 일과를 계획합니다. 계획한 일들의 달성 정도를 시간 날 때마다 확인하고요. 내가 하게 된 일이나 떠오른 생각 등도 함께 기록해두면 좋습니다. 목표를 달성 가능하게 쪼개고 반복해서 준비해 보세요. 과목이 아무리 많아도 힘들이지 않고 공부할 수 있을 거랍니다.

3) 집중의 힘: 집중 기술

어떤 일을 하려고 할 때 집중을 해서 진행하면 생각보다 빠르게 진행할 수 있습니다. 몰입해서 진행하는 거죠. 같은 일을 반복하고 있다면 더 좋습니다. 제자리에서 맴돌고 있다고 생각되시나요? 사실은 더 깊은 생각과 경험을 반복하는 중입니다. 고수가 되어가는 중이라는 것 잊지 마세요.

"승리의 요인을 통제하기 위해 병력을 집중하라."

학습은 위계가 있습니다. 수학 교과는 나선형 교육과정의 대표적인 과목이죠. 수준을 높인 동일 내용의 반복입니다. 내용을 반복하면서 조금씩 어려워지죠. 사람들이 모여있는 조직도 같은 방식입니다. 작은 조직과 큰 조직을 구성하는 원리는 같습니다. 결국, 어떻게 체계를 갖추고 움직이냐의 문제입니다. 집중해서 일 처리를 하는 것도 같은 맥락이죠. 집중하면 체계적으로 일하는 데 도움이 됩니다.

📖 우선 순위 정하기

모든 일은 두 가지로 분류됩니다. 중요한 것과 빠르게 처리할 일이 있습니다. 일의 우선순위를 정해야 합니다. 일을 하거나 학습을 할 때 먼저 해야 할 일이 있는지 확인해야 합니다. 일의 중요도를 평가하고 일 처리를 해야 합니다. 나중에 해도 될 일을 먼저 하게 될 때를 생각해 볼까요? 중요도가 높지 않은 일에 신경을 쓰다가 결국 중요한 일을 놓치게 될 수 있습니다. 우선 순위를 정하고 먼저 할 일과 집중해서 해야 할 일을 구분해야 합니다.

📖 분류하기

비슷한 영역으로 분류하는 연습을 해야 합니다. 일을 할 때도 비슷한 일들이 있습니다. 비슷한 일을 영역별로 분류해 보면 관리하기도 편해집니다. 어떤 일이든 힘들이지 않고 일 처리를 할 수 있습니다. 시간을 효율적으로 관리할 수 있는 능력이 생기기도 하죠. 시간 관리에 능한 사람은 여러 가지 일들을 잘 처리할 수 있습니다. 다양한 일을 할 수 있는 힘이 있으니까요.

📖 몰입하기

일을 할 때는 하나에 집중해야 합니다. 하나에 집중해서 적극적으로 처리하면 빠르게 일 처리를 할 수 있습니다. 여러 가지 일이 한 번에 몰렸을 때를 생각해 볼게요. 조금 전에 이야기한 대로 일의 우선순위를 정하고 비슷하게 묶어둔 이후에는 어떻게 하나요? 하나씩 해결하고 다른 일을 해야 합니다. 동시에 여러 가지 일을 처리하다 보면 뒤죽박죽 이것도 안 되고 저것도 안 되는 상황이 발생하게 됩니다.

음악을 들으면서 공부하는 경우가 있습니다. 가사가 있는 노래를 들으면 집중력이 떨어지게 됩니다. 이런 경우 멜로디와 가사가 함께 들려오거든요. 공부할 때는 클래식과 같은 음악을 들으면 도움이 될 수 있습니다. 공부하면서 잡생각을 하지 않으려면 가사 없는 노래를 들어보세요. 집중해서 공부할 수 있는 힘이 생겨날 수 있습니다. 우선순위를 정하고 비슷한 내용을 한데 묶어서 공부하는 것도 좋은 방법입니다.

4) 놀라움의 요소: 혁신적인 학습 방법

시험시간입니다. 시험지를 받아들고 어떤 것부터 푸는 게 좋을까요? 쉬운 문제부터 천천히 풀어보세요. 어차피 어려운 문제는 시간이 오래 걸리고 맞출 확률도 적으니까요. 차근차근 풀어나가다 보면 나중에 어려운 문제도 조급하지 않게 풀어나갈 수 있을 겁니다.

"전쟁에서는 강한 것을 피하고 약한 것을 치는 것이 도이다."

공부를 할 때 에너지를 많이 쓰면 쉽게 지치게 됩니다. 효율적으로 공부를 할 수 있는 방법을 찾아야 하죠. 자신에게 맞는 공부법을 찾고 꾸준히 노력해야 합니다. 조금 해보다가 다른 방법으로 바꾸는 것을 반복하다 보면 결국 남는 게 없습니다. 어떻게 하면 공부를 잘할 수 있을지, 공부한 내용을 잘 기억할 수 있을지에 관하여 알아보겠습니다.

🖊 설명하기

누군가를 가르쳐보세요. 가족들 중 누군가에게 내가 공부한 개념을 설명해 보시기 바랍니다. 누군가에게 설명을 하려면 개념을 파악해야 합니다. 개념에 관한 생각을 하게 되죠. 생각한 내용을 자신의 언어로 정리해야 누군가를 가르칠 수 있습니다. 가장 빠르게 지식을 파악할 수 있는 방법은 모르는 사람도 이해할 수 있도록 누군가를 가르쳐보는 겁니다.

📖 마인드맵 활용하기

마인드맵 아시죠? 상위 개념을 연상할 수 있는 여러 개를 생각해 보고 가지치기를 하면서 연상하는 방법입니다. 생각을 정리하고 공부한 개념을 정리할 수 있는 방법이죠. 마인드맵을 작성하는 과정에서 개념이 정리가 됩니다. 누군가에게 설명하기 위해서는 서사가 필요합니다. 스토리가 만들어져야 하는데요. 마인드맵은 스토리를 만들어 낼 수 있는 힘이 됩니다.

📖 장소의 이동

공부를 할 때 다양한 장소를 활용합니다. 도서관도 좋고요. 방이나 카페, 공원도 좋습니다. 특정한 과목이나 내용에 관한 기억을 쉽게 할 수 있습니다. 너무 많은 곳을 돌아다니면 뒤죽박죽 정리가 되지 않을 수도 있어요. 다양한 장소를 활용할 때는 시간과 장소를 정해두어야 합니다. 같은 장소에서는 같은 내용을 공부하는 방향으로 활용하면 기억이 더 잘될 수 있습니다.

공부를 할 때 간접 경험을 하는 방법이 좋습니다. 누군가에게 설명하기 위해 개념을 정리하게 되죠. 개념을 습득하기 위해 생각하고 서사를 만들어내야 합니다. 나의 언어로 표현이 가능하게 뇌죠. 마인드맵을 그려보는 것도 좋습니다. 다양한 장소에서 공부를 하더라도 같은 장소에서는 같은 과목을 공부해 보세요. 반복해서 노력하다 보면 공부에도 재미가 붙을 거니까요.

5) 전투 선택: 과제 우선 순위 지정

> 친구과 게임을 하고 있습니다. 서로 병력을 모아서 공격을 해야 하는 상황이죠. 공격을 하기 전에 어떻게 준비를 해야 하나요? 본진을 방어할 수 있도록 준비한 이후에 병력을 모아서 쳐들어가야겠죠? 물론 방어와 병력 모으는 작업은 함께 진행해야 합니다. 상대방에게 들키지 않게 말이죠.

"싸울 수 있는 때와 싸울 수 없는 때를 아는 사람이 승리할 것이다."

공부를 할 때는 우선순위를 매겨야 합니다. 어떤 것을 먼저하고 나중에 해야 할지를 결정해두는 것이 좋죠. 일을 할 때도 마찬가지예요. 중요한 일과 중요하지 않은 일을 구분하고 우선순위를 결정해야 합니다. 중요한 일은 먼저 처리하고 목표를 달성해보세요. 완료된 뒤에는 체계적으로 일 처리를 해냈다는 기쁨을 누리게 될 거예요. 그러면 과제의 우선순위는 어떻게 결정해야 할까요?

📖 시간 조절 능력

시간을 고려해야 합니다. 먼저 끝내야 하는 일이 있는지를 확인해야 해요. 먼저 해야 할 일을 우선 처리하고 조금 천천히 해도 되는 일이라면 상황을 보고 처리해야 하죠. 당장 이번 주에 마무리해야 하는 일이 있다면 이 일에 신경을 써서 빠르게 처리할 필요가 있습니다. 한두 달 뒤까지 해도 되는 일을 조급하게 생각할 필요도 없습니다.

📖 내용 파악하기

　내용의 많고 적음을 체크해야 합니다. 과제의 내용이 많은 경우라면 조금씩 나누어서 처리합니다. 한 번에 하려다가는 힘들어질 수 있어요. 실행하기 편한 단위로 나누어 처리하고, 완성해나가면 과제의 달성 과정에서 만족도를 높일 수 있습니다. 내용의 양을 고려하지 않고 처리한다고 생각해 볼까요? 과제를 달성하는 비율이 현저히 떨어지게 될 겁니다.

📖 메타인지 활성화

　나의 능력을 파악해야 합니다. 나의 능력을 파악한다는 것은 내가 할 수 있는 일과 하지 못하는 일을 구분해야 한다는 말입니다. 내가 할 수 있는 일이면 혼자서 해도 되는 일이지요. 내가 하지 못하는 일이라면 누군가의 도움을 받아서 처리해야 합니다. 누군가의 도움을 받기 위해서는 시간도 필요하고 다른 사람의 조력도 필요합니다. 그만큼 시간이 더 필요하겠죠?

　삶을 살아가면서 끊임없는 과제가 부여됩니다. 과제에 우선순위를 매기는 것은 삶을 지혜롭게 살아가는 방법입니다. 시간을 고려하고, 과제의 양을 체크하면서 내가 할 수 있는 일인지 아닌지도 함께 파악해 보세요. 온전히 나의 힘으로만 달성 가능한 경우도 있지만 다른 사람의 도움을 받아서 처리하면서 성장할 수 있어요. 전략적으로 일을 수행하고 해결해 나갈 수 있는 힘이 될 수 있답니다.

6) 적응성: 처음 접하는 지식

매번 같은 전략을 사용하면 금세 적에게 들키게 됩니다. 적진을 파고 들어가는 전략이 노출될 수 있죠. 한 번은 정공법을 사용했다면 다음엔 옆을 치거나 상대의 허점을 노리는 전략이 필요해요.

"한 번의 승리를 거둔 전술을 반복하지 말고, 무한히 다양한 상황에 따라 방법을 달리하세요."

학습을 하다 보면 공부 방법을 바꿔야 할 때가 있습니다. 언제냐고요? 아무리 공부해도 성적이 오르지 않을 때입니다. 자격증 공부를 하고 있다면 합격하지 못할 때죠. 이럴 때는 어떻게 해야 할까요? 공부하고 있는 교재를 바꾸어야 할 수도 있습니다. 상황에 따라서는 다른 선생님의 강의를 듣는 것도 좋은 방법입니다. 새로운 정보에 접근하는 방식이 더 적합할 수 있기 때문입니다.

📖 요점 파악

지금까지 접하지 않은 새로운 과목을 공부하게 되었다면 어떻게 해야 할까요? 먼저 공부할 내용을 파악해야 합니다. 요약 정리된 내용부터 읽어보고 내용을 정리합니다. 전체적으로 내용을 파악하는 과정이 필요합니다. 최소한 3회독 정도는 진행해야 윤곽을 그릴 수 있습니다. 강의 듣기와 공부를 병행하는 것이 좋죠. 자격증 공부하는 방법도 같은 방식으로 하면 어렵지 않게 공부할 수 있습니다.

📖 환경의 변화

　인터넷 강의를 듣고 있다면 먼저 샘플 강의를 들어보세요. 선생님들마다 설명하는 방법이 다를 수 있습니다. 사람의 생각이 모두 같지 않기 때문이죠. 나에게 맞는 방법으로 설명하는 선생님이 계시는 경우 어떻게 할까요? 해당 선생님의 강의를 수강해보세요. 이해가 가지 않는 내용이 있다면 여러 선생님의 강의를 들어보는 것도 좋은 방법입니다. 관점을 다르게 바라볼 수 있으니까요.

📖 정확한 의미 파악

　공부를 하다 보면 새로운 용어가 나오기도 합니다. 용어의 정의를 정확히 파악해야 합니다. 용어의 뜻만이라도 정확히 알고 있다면 공부를 하는데 많은 도움이 됩니다. 생각해 볼게요. 뜻도 모르는데 해석이 가능할까요? 결국 뜻과 해석이 중요하다는 말이겠죠? 어떤 과목이든 해석을 잘해야 합니다. 기본적인 국어 실력이 필요한 이유죠. 평소 책을 많이 읽고 내 생각으로 표현할 수 있도록 준비해 보세요.

　학습을 하는 데 익숙한 내용만 공부하지는 않습니다. 지금까지 알지 못했던 과목을 공부해야 하기도 하죠. 처음 접하는 과목이라면 이렇게 해보세요. 용어의 정의를 중심으로 내용을 파악하고, 전제적인 윤곽을 그리는 데 집중해 보세요. 어느 순간 나의 언어로 해석할 수 있는 힘이 생기게 됩니다. 평소에 독서를 통해 내 생각을 정리하는 습관을 기른다면 어렵지 않게 공부할 수 있는 근력도 생길 수 있죠.

2. 친구들과의 관계

1) 동맹 구축: 친구 사귀기

친구 관계도 잘 맺어야 합니다. 자신의 이득만 챙기는 경우도 있거든요. 모든 사람들에게 도움을 줄 수 있는 사람을 먼저 챙겨야 합니다. 이타성을 바탕으로 살아가다 보면 자신에게 언젠가는 다시 돌아온다는 것도 잊지 마세요. 지금은 같은 편이었다고 하더라도 시간이 흐르면 상대편이 될 수도 있다는 것도 기억해야 합니다.

"이점이 보이지 않으면 움직이지 말고, 얻을 것이 없으면 군대를 사용하지 말고, 위치가 중요하지 않으면 싸우지 마십시오."

손자병법에 따르면 전쟁을 할 때 동맹관계인 나라가 있으면 도움이 됩니다. 학교생활에도 적용해 볼까요? 학생들이 학교생활을 하면서 친구들과 끈끈한 관계를 맺고 지내는 게 좋죠. 친구들과의 원만한 관계는 모든 생활에 도움을 줍니다. 어려움이 생기더라도 친구들의 도움으로 헤쳐나갈 수 있으니까요. 어떻게 하면 친구들과 좋은 관계를 만들어나갈 수 있을지 알아보겠습니다.

📖 동아리 활동

관심을 가지고 있는 분야가 있나요? 어떻게 시작할지 막막하나요? 동아리 활동을 해보세요. 평소 취미나 흥미가 있는 분야의 동아리 활동을 해보세요. 같은 목표나 목적을 가지고 있는 사람들과 함께 만날 수 있습니다. 프로젝트 활동이나 함께 공부하면서 서로에게 도움을 줄 수 있죠. 목적이 같으면 생각과 행동도 비슷하게 됩니다. 나와 비슷한 성향을 가진 사람들과의 만남은 좋은 관계를 만들어나가는 원동력이 됩니다.

📖 관심과 지지

관심과 지지를 가져보세요. 다른 사람의 이야기를 잘 들어주어야 합니다. 잘 듣는 것만으로도 서로의 관계를 돈독하게 할 수 있습니다. 다른 사람의 생각을 이해할 수 있거든요. 친구들이 어려움에 처했다면 내가 도움을 줄 수 있는 것은 없는지 확인해 봅니다. 주변에 자격증을 취득하거나 가려고 하는 대학에 합격하는 친구들이 있다면 축하해 주는 것도 잊지 마세요.

항상 감사하는 마음을 가져보세요. 다른 사람들에게 긍정적인 생각으로 다가가는 것만으로도 관계가 좋아질 수 있습니다. 서로 조금씩의 갈등이 있다면 해결할 수 있는 실마리가 될 수 있거든요. 감사하는 마음을 가지고 있으면 약간의 의견 차이가 있더라도 잘 풀어나갈 수 있습니다. 다른 사람을 존중하면서 자신의 장점과 감정을 공유해 보세요.

학교생활을 하면서 친구들과의 관계가 좋으면 여러모로 도움이 됩니다. 서로 호감을 가지고 있는 친구들이 많으면 많을수록 좋습니다. 어렵지 않게 학교생활을 할 수 있거든요. 청소년기의 학생들은 예민하기도 합니다. 서로의 관심사를 공유하고 함께 풀어나가는 과정을 통해 성숙한 시민으로 성장할 수 있습니다. 서로 좋은 관계를 만들고 문제를 함께 해결해나갈 수 있으니까요.

2) 차이 이해: 공감과 존중

우리나라를 둘러싸고 있는 주변 나라들을 생각해볼게요. 일본, 중국, 러시아, 필리핀 등의 나라가 있고요. 멀리는 미국도 있습니다. 현대 사회는 자국 우선주의 전략을 사용하고 있죠. 다른 나라를 지원하기 이전에 자국의 이익부터 계산하고 보니까요.

인간관계도 같은 맥락입니다. 내가 손해나는 일을 하는 사람은 거의 없다고 보는 게 맞아요. 그러니 나를 객관적으로 바라볼 수 있는 능력이 필요하죠. 좋은 관계는 나를 정확하게 해석하는 것부터 시작할 수 있거든요.

"이웃의 의도를 알기 전에는 동맹을 맺을 수 없습니다."

학교생활을 할 때 어떤 점에 중점을 두어야 할까요? 공부에 초점을 맞추는 것도 중요하지만, 친구들과 관계도 잘 맺어두어야 합니다. 서로 마음의 공간을 내어주고, 공감과 존중을 해주어야 합니다. 때로는 힘들도 지치는 일이 있더라도 서로 도와주고 보듬어 줄 수 있거든요. 나 혼자만 외롭게 서 있는 것보다는 함께하는 것이 학교생활을 하는 데 도움이 됩니다.

📖 메타인지

나의 능력을 객관적으로 볼 수 있어야 합니다. 메타인지가 필요한 거죠. '더닝 크루거 효과'를 아시나요? 자신이 모른다는 것도 모르는 사람을 말하기도 합니다. 어떤 사람을 보면 조금 알게 된 것을 과장해서 이야기하기도 합니다. 책 한 권 읽고 그 분야의 전문가가 된 것처럼 말하기도 하죠. 지식이 풍부한 사람은 자신의 능력을 과소평가하기도 해요. 다른 사람들도 지식이 풍부할 거라고 생각하기 때문이죠.

📖 존중하기

서로의 차이를 알아야 합니다. 정확히 이야기하면 서로를 존중해야 합니다. 사람들과 내 생각이 같을 수는 없습니다. 서로 다른 삶을 살아왔기 때문이죠. 자라온 환경이 다르고 배경이 다릅니다. 생각이 같다면 이상한 거예요. 관점의 차이는 다른 생각을 만들어냅니다. 서로 바라보는 관점이 다른 것을 인지하고 서로를 인정해 주어야 합니다.

🖊 좋은 관계 유지하기

친구들과 좋은 관계를 유지해야 합니다. 친구들과 서로 이용하고 이용당하는 관계라면 자신에게 도움이 되지 않습니다. 서로의 관계를 설정하되 서로 부족한 부분은 채워주고 남는 부분은 나누어 줄 수 있어야 합니다. 공감과 소통이 필요한 거죠. 미래사회는 서로 협력하고 존중하는 관계를 요구합니다. 학생들의 관계에도 서로 공감하고 소통할 수 있는 능력이 필요한 이유죠.

친구들과 너무 가까이하다가 상처를 입기도 합니다. 내 생각과 다른 사람들의 생각이 다른 것을 잊기도 해요. 서로 간의 관계를 잘 설정하고 일정 부분 손해 본다는 느낌으로 서로를 대하는 것이 좋습니다. 나의 입장만 강조하는 것은 서로의 관계에 도움이 되지 않습니다. 나를 정확히 파악하고 상대방을 대해보세요. 서로 존중하고 소통하는 과정에서 믿음도 생기게 마련이니까요.

3) 의사소통: 효과적인 듣기와 말하기

조선 시대 이순신 장군은 12척의 배를 가지고 일본의 침략을 막아냈습니다. 먼저 준비하고 있었기 때문에 가능한 일입니다. 거북선을 만들고, 군사들을 훈련시켰죠. 언제 일어날지 모르는 전투를 준비하고 있었던 겁니다. 미리 준비하면 적은 수의 군사를 가지고도 승리할 수 있습니다. 단 기억해야 할 것이 있습니다. 다른 사람을 먼저 생각해야 합니다. 그래야 자신도 함께 발전할 수 있으니까요.

"스스로 준비하고, 준비되지 않은 적을 잡기 위해 기다리는 자가 승리할 것이다."

친구들과 관계를 돈독하게 하려면 어떻게 해야 할까요? 대화를 할 때 서로를 배려하고 존중해야 합니다. 다른 사람과의 의사소통은 어떻게 하나요? 대화를 통해서 하게 되죠? 상대방의 의견을 잘 듣고 내 생각을 담아 말하는 과정에서 소통이 이루어집니다. 내 생각을 말하는 과정에서 서로의 생각이 이어지게 되죠. 결국, 서로의 의견을 주고받으면서 생각의 성장이 됩니다. 효과적인 의사소통을 위한 방법을 알아보겠습니다.

📖 이타성 추구

리더의 입장에서 살펴볼까요? 리더는 개인의 이익을 추구하면 안 됩니다. 다른 사람을 이끌어가면서 공동의 선을 추구해야 합니다. 이타성을 바탕으로 모두의 성장을 도모해야 하는 거죠. 의사소통을 할 때에도 넓은 마음으로 다가가야 합니다. 리더십의 발현은 서로의 의견을 주고받을 때도 나타나게 되니까요. 서로 존중하면서 성장할 방법을 찾아야 합니다.

📖 명확한 의사 전달

의사 표현을 명확하게 전달해야 합니다. 내가 가지고 있는 생각을 잘 전달해야 합니다. 다른 사람이 들었을 때 어떤 뜻인지 알지 못하거나, 나의 의도와는 상관없이 다른 해석을 할 수 있는 말을 하면 안 됩니다. 다른 사람들이 들었을 때도 내 생각을 잘 전달할 수 있도록 준비할 필요가 있죠. 의사소통이 잘 이루어지려면 말을 할 때도 신경 써서 해야 하는 이유입니다.

📖 소통과 공감

상대방의 말을 잘 들어야 합니다. 많은 사람들이 의사소통을 하는 과정에서 자신이 듣고 싶은 대로 듣고 해석하는 경우도 상당히 많이 있습니다. 친구들이 어떤 말을 했다고 하면 정확하게 알아들어야 합니다. 상대방의 의도를 자의적으로 해석하는 경우 문제가 생길 수도 있습니다. 상대방의 이야기를 듣고 상황과 맥락을 따져보고 정확하게 판단할 수 있어야 합니다.

사람들과의 관계는 의사소통으로 시작해서 의사소통으로 끝납니다. 서로를 배려하고 존중하려면 어떻게 해야 하나요? 잘 말하고 잘 알아들어야 합니다. 나의 의도를 명확하게 제시하고 상대방이 어떠한 방향으로 의견을 제시하고 있는지도 정확히 파악할 필요가 있죠. 여러 사람이 있는 단체나 조직에 속해있다면 명확한 의사 표현과 함께 소통이 잘 이루어져야 하는 이유입니다.

4) 갈등 해결: 의견의 대립

고려 시대 문관 서희는 거란의 침입을 외교담판으로 막아냈습니다. 심지어 강동 6주를 얻어내어 고려인들의 생활권을 확장시켰습니다. 엄청난 지략이 발휘된 거죠. 서희의 지혜를 배울 필요가 있습니다. 싸우지 않고 이기는 것이야말로 진정한 실력이라고 할 수 있습니다. 그러려면 평소에 많은 공부를 해두어야 합니다. 주변의 정세를 파악하고 사회의 변화를 꿰뚫고 있어야 해요. 꾸준한 자기계발이 필요한 이유입니다.

"최고의 전쟁 기술은 싸우지 않고 적을 제압하는 것입니다."

사람들과의 관계를 유지하기 어려울 때가 있습니다. 서로의 생각이 다르기 때문이죠. 자신의 생각을 주입하는 사람들도 있습니다. 이 과정에서 거부감이 생기게 되기도 하죠. 마음에 상처를 입기도 합니다. 사람들과의 관계가 틀어지기도 하죠. 이거 하나만 생각해 볼까요? 생각이 다른 것이 틀린 것은 아니잖아요? 서로의 생각이 다를 때 어떻게 하면 나의 마음을 다치지 않을 수 있을까요?

📖 경청하기

열린 마음으로 대할 필요가 있습니다. 다른 사람의 의견을 먼저 듣고 경청할 필요가 있습니다. 상대방은 어떻게 생각하는지를 알아야 내 생각과 어떠한 면이 다른지 파악할 수 있죠. 경청은 새로운 것을 알게 되는 지름길입니다. 많은 사람들이 다른 사람의 의견을 듣기보다 자신의 의견을 말하기 바쁩니다. 다른 사람의 이야기를 듣지 않으면 나의 발전도 그만큼 더디다는 것 기억하세요.

📖 공통점 찾기

공통점을 찾아야 합니다. 각기 다른 의견을 내더라도 그 안에서 공통점을 찾아볼 필요가 있습니다. 내 생각과 다른 사람의 생각은 어떠한 차이점이 있는지도 자연스럽게 알게 되거든요. 의견의 공통점을 찾는 것은 서로를 이해하는 출발점이 될 수 있어요. 서로를 이해하게 되면 자연스럽게 여유를 가지게 되고 배려하는 마음을 갖게 되니까요. 소통은 자연스럽게 이루어지게 됩니다.

📖 새로운 대안 찾기

새로운 대안을 찾아야 합니다. 내 생각과 다른 사람의 생각이 다른 경우 어떻게 해결해야 할까요? 고민이 되기도 합니다. 어느 한쪽은 포기해야 하니까요. 이럴 때는 새로운 대안을 마련해 보는 것도 방법입니다. 나와 다른 사람의 의견을 반영해서 한 발자국씩 양보를 하는 것도 좋은 방법이죠. 서로 대화하고 소통하면서 관계는 조금씩 발전하게 된답니다.

　사람들과 함께 지내다 보면 의견의 차이가 있게 마련입니다. 오히려 차이가 없는 게 이상한 겁니다. 생각이 다른 사람들이 모여있으니까요. 서로의 생각을 조금씩 이해하고 배려하면서 소통해 보시기 바랍니다. 의견의 차이를 좁히지 못한다면 새로운 대안을 마련해 보는 것도 좋습니다. 그 누구도 누군가의 일방적인 희생을 원하지 않습니다. 서로의 입장을 반영하여 미래를 맞이할 수 있도록 말입니다.

5) 신뢰: 우정의 기초

원칙을 세웠으면 지켜야 합니다. 한두 번 예외로 허용하다 보면 원칙이 바로 서지 않습니다. 문제는 작은 것에서 시작합니다. 작은 구멍이 큰 물길로 바뀌는 데는 그리 오랜 시간이 걸리지 않습니다. 꾸준함이 있어야 신뢰할 수 있습니다. 누가 보더라도 일관된 원칙을 지키고 있으면 가능한 거죠. 있는 그대로의 사실을 말하는 것도 필요합니다. 정직이 최고의 미덕인 이유입니다.

"장군이 약하고 엄격하지 않으면, 그의 지시와 지도가 계몽되지 않으면, 일관된 규칙이 없으면 주변 국가가 문제를 일으킬 것입니다."

　사람들을 만나다 보면 "저 사람은 신뢰할 수 있어."라고 말하는 것을 듣는 경우가 있습니다. 누군가를 신뢰할 수 있다는 말은 어떤 뜻일까요? 믿을 수 있다는 말이겠죠? 어떤 일을 맡기면 믿음직하게 해내는 습성을 가진 사람들에게 '신뢰한다'라고 말합니다. 어떻게 해야 신뢰할 수 있을까요? 규칙이나 규율을 지키는 것만이 신뢰할 수 있는 걸까요?

🗒️ 일관성

일관성이 있어야 합니다. 일관성은 방법이나 태도가 비슷하거나 같은 경우를 말합니다. 상황에 따라 다른 말을 한다든가 다른 행동을 하는 경우를 생각해 볼게요. 어떻게 처리할지 예측할 수 없겠죠? 당연히 일관성이 떨어진다고 해석할 수 있습니다. 이런 사람들의 말은 믿을 수가 없잖아요? 다른 사람과의 관계에서도 일관성 있게 처리하면 사람들의 마음을 얻을 수 있습니다.

🗒️ 정직성

사람들이 신뢰하려면 정직해야 합니다. 정직한 사람은 혹시 실수를 하더라도 너그럽게 용서받을 수 있습니다. 바로 실수를 인정하고 사과를 할 수 있어야 합니다. 자신의 실수를 감추기 위해 거짓말을 일삼는 사람들도 있습니다. 그 순간은 모면할 수 있겠지만 장기적으로 보면 신뢰하기 어려운 사람으로 판단될 수 있습니다.

📖 공감

　적극적인 경청과 공감도 필요합니다. 적극적으로 다른 사람의 의견을 듣고 실행에 옮겨보세요. 다른 사람의 의견을 그대로 실행하라는 것이 아닙니다. 공감하고 내 생각으로 움직여보는 겁니다. 사람들은 성장합니다. 다른 사람의 좋은 점을 나에게 내면화시켜서 적용하는 과정에서 성장하죠. 경청과 공감은 신뢰를 높이는 좋은 방법입니다.

　사람들은 다른 많은 사람들에게 신뢰할 수 있는 사람이 되기를 소망합니다. 일관성과 정직성, 적극적인 경청과 공감은 신뢰할 수 있는 조건을 만들어줍니다. 이 외에도 자신의 생각을 투명하게 공개하고 다른 사람들의 행동을 이해하는 모습을 보여주는 것도 좋습니다. 다른 사람의 의견을 존중하는 자세도 역시 믿을 수 있는 사람으로 느껴질 수 있다는 것도 기억하세요.

6) 협력: 팀워크

　이순신 장군의 전법 중 학익진이 있습니다. 조선의 수군이 학 모양으로 배를 늘어놓고 왜군을 물리칠 때 사용한 전법이죠. 팀워크도 있어야 합니다. 같은 팀과의 호흡이 맞지 않으면 일을 그르칠 수도 있으니까요. 주변의 지형과 지물을 잘 이용해서 적을 물리칠 수 있는 전법을 파악해야 합니다.

　"우리는 산과 숲, 함정과 절벽, 습지와 늪 등 나라의 모습을 잘 알지 못하면 행진에서 군대를 이끌기에 적합하지 않습니다."

학생들은 학교에서 하루의 대부분을 보냅니다. 학교에서 만나는 친구들과 서로 협력하고 도움을 주고받을 필요가 있죠. 친구들과 관계를 유지하기 위한 다양한 방법이 있습니다. 다른 학생들과 관계를 만들고 유지하는 것은 사회에 나가서도 다른 사람들과 관계를 형성하는 데 도움이 됩니다. 학교에서 친구들과 어떻게 협력하고 협동하는 모습을 보일 수 있을지에 관하여 알아보겠습니다.

📖 의사소통

의사소통이 잘되어야 합니다. 친구들의 의견을 적극적으로 경청해야 합니다. 친구들의 생각을 이해하고 받아들일 준비가 되어 있어야 하죠. 친구들의 의견을 듣고 자신의 생각과 감정을 이해해 보시기 바랍니다. 갈등의 시작은 의사소통이 되지 않으면서 시작됩니다. 상호 존중하는 문화를 만들 수 있도록 서로의 의견을 존중하는 문화를 만들어보시기 바랍니다.

📖 공동의 목표 설정

공동의 목표를 설정합니다. 다른 사람들의 의견을 듣고 함께 추구해야 하는 목표를 설정합니다. 학교에 교훈이 있고, 학급에도 급훈이 있잖아요? 친구들과도 함께 약속을 만들어보는 거예요. 분야를 분리해서 준비해야 한다면 공평하게 나누는 작업도 함께 진행해 보면 좋겠네요. 서로의 관계를 더욱 돈독하게 만들어낼 수 있으니까요.

📔 신뢰와 존중

서로 신뢰해야 합니다. 친구들의 이야기를 믿고 존중해야 합니다. 약속을 하면 꼭 지켜야 하죠. 공동체 생활의 가장 첫 단계는 서로 믿어야 한다는 겁니다. 서로 믿지 못하면 새로운 문제가 생길 수 있어요. 협업을 하기 위해 가장 필요한 것은 서로를 존중하고 신뢰할 수 있어야 합니다. 작은 성공이라도 확인되면 서로 응원해 주고 축하해 줍니다. 서로의 관계를 더욱 돈독하게 만들어갈 수 있습니다.

학교에서 만나는 친구들과 좋은 관계를 유지할 필요가 있습니다. 서로 협력하고 협동하면서 공동체를 이루어갈 수 있죠. 상대방의 의견을 잘 듣고 이해하려고 노력해 보세요. 조금씩 양보하면서 좋은 관계를 만들어갈 수 있습니다. 공동의 목표를 설정하고 달성하는 과정도 필요합니다. 서로를 신뢰하고 함께 목표를 추구하면서 공동체를 느끼게 될 수 있으니까요.

3. 선생님과 학생과의 관계

1) 존중과 존경: 교사와의 신뢰 구축

선생님과 학생 간에는 지켜야 할 예의가 있습니다. 학생으로서 선생님께 무례한 행동을 하면 안 되겠죠? 자신의 의사 표현을 하더라도 선생님께 예의를 지켜야 합니다. 자신의 능력을 정확하게 파악하고 필요한 도움은 어떤 것이 있는지 파악할 필요가 있습니다.

"선생님이 가진 지식을 모두 얻을 수 있도록 라포를 형성하세요."

학교에 다니는 학생들은 여러 가지 지식을 얻습니다. 교과 지식도 배우게 되지만 소통에 필요한 기본적인 생활 습관도 함께 배우게 되죠. 학교에 학칙이나 학교생활 규정이 있는 이유입니다. 선생님과 학생 간에 좋은 관계가 형성되면 학교생활을 하는 데 긍정적인 작용을 합니다. 더 수월하게 학교생활을 할 수도 있고요. 장차 사회에 진출

할 수 있도록 준비를 하는 데도 어렵지 않게 준비할 수 있습니다. 선생님과 학생 간 관계는 어떻게 설정해야 할까요?

📖 명확한 의사 표현

자신의 생각을 명확하게 표현해야 합니다. 학생들의 입장에서 필요한 것은 무엇인지 확인해 봅니다. 선생님들이 학생들에게 도움을 줄 방법은 어떠한 것이 있는지도 파악합니다. 서로의 관계를 돈독하게 유지하기 위해 필요한 것을 명확하게 표현해야 합니다. 교사의 입장에서도 학생들에게 지원해 줄 수 있는 측면을 파악할 수 있습니다.

📖 공감과 소통

사람들과의 관계는 공감과 소통의 과정이 중요합니다. 선생님은 많은 학생들을 지도하고 있습니다. 한 학생만 편애하거나 성적을 잘 주는 경우 문제가 생길 소지가 있지요. 학생들을 공평하게 대해야 합니다. 학생의 입장에서는 선생님께 관심을 보이고 주목을 받고 싶어하기도 합니다. 교사와 학생 간의 공감과 소통은 사제지간의 신뢰를 구축하는 데 많은 도움을 줍니다.

선생님과 학생 간의 관계는 유기적으로 연결되어 있어야 합니다. 학생들은 지식을 배우면서 앞으로의 삶에 관한 준비도 함께해야 합니다. 학교에서 배우는 지식은 보편타당한 내용을 배웁니다. 미래 사회를 살아가면서 어떠한 면은 윤리적으로 바람직한지를 판단할 수 있어야 합니다. 리터러시에 관한 공부가 필요한 이유죠. 선생님과 학생 간 신뢰와 소통이 중요한 이유이기도 합니다.

2) 의사소통: 질문하고 도움 구하기

지식을 얻을 때는 강의를 듣거나 책을 읽어야 합니다. SNS를 활용하여 지식을 얻을 수도 있지요. 궁금한 내용을 발견하면 그냥 넘어가지 마세요. 질문을 하거나 다른 사람의 도움을 받을 수도 있습니다. 강의를 들으면서 질문을 하는 것도 좋은 방법입니다. 어떻게 하면 새로운 지식을 더 쉽게 얻을 수 있을까요?

"결정적인 순간을 포착하면 매는 사냥감을 향해 급하게 돌진합니다."

공부를 할 때 새로운 지식을 파악하는 과정이 필요합니다. 시간을 투자해서 나의 지식으로 만들어야 하죠. 보통 책을 읽거나 강의를 들으면서 새로운 지식을 받아들입니다. 새로운 지식은 나의 것으로 만들지 않으면 금세 잊히게 됩니다. 나의 언어로 표현할 수 있어야 하죠. 궁금한 점이 있다면 묻고 답하는 의사소통을 하면서 알아가게 됩니다. 공부한 내용은 내 생각을 담아 설명하거나 글로 표현할 수 있어야 합니다.

📖 질문하기

학생들이 공부를 하다가 모르는 것이 발견되었다면 어떻게 해야 할까요? 선생님께 질문을 합니다. 질문은 직접 만나서 할 수도 있지만 문자 메시지나 이메일을 통해서 할 수도 있죠. 전화 통화나 영상 통화로도 할 수 있습니다. 수학 문제 풀이 같은 경우는 풀이 과정을 영상으로 찍어서 주고받는 것도 효율적이더라고요. 제가 권장하는 방법은 직접 만나서 질문하는 게 가장 효과적입니다.

📖 SNS 활용

SNS를 활용하는 겁니다. 요즘은 SNS를 통해서 다양한 정보를 얻을 수 있어요. 공부하다가 모르는 문제가 나와도 SNS를 활용해서 풀이와 정답을 얻을 수 있습니다. 서로 비슷한 궁금증을 가진 카페에 가입해서 관심사를 공유하는 것도 좋은 방법입니다. SNS에서 정보를 얻는 것은 관심을 가지고 어떻게 질문하느냐에 따라 얻을 수 있는 정보의 양은 무궁무진합니다.

📖 도서관

전통적인 방법이기도 합니다. 궁금한 내용에 관한 정보를 도서관에서 책을 찾아 확인합니다. 시간이 조금 걸릴 수 있지만 가장 확실하게 기억할 수 있는 방법입니다. 찾고자 하는 정보를 가지고 있는 논문을 확인해 보는 것도 좋은 방법입니다. 논문은 확실한 근거를 가지고 작성하게 되니까요. SNS에 떠돌고 있는 정보보다는 확실한 정보를 제공받을 수 있습니다.

공부를 하다가 모르는 내용이 발견되면 도움을 받을 수 있는 방법에 관하여 살펴보았습니다. 선생님께 직접 물어보는 것이 가장 효과적이기는 합니다. 항상 선생님이 곁에 있지는 않잖아요? 다양한 방법으로 소통을 시도해 보세요. 선생님들은 적극적으로 질문하고 공부를 하려고 하는 의지를 가진 학생들을 좋아한답니다. 귀찮아하실 거 같지만 그렇지 않다는 것 기억하세요.

3) 기본 생활 습관: 규칙 준수

우리는 학교생활을 하면서 기본 생활 습관을 형성하게 됩니다. 학칙이나 학교생활 규정은 규칙을 준수하면서 기본적인 생활 습관을 형성할 수 있도록 합니다. 선생님들이 생활지도를 하는 이유이기도 합니다. 학창시절에 자연스럽게 체득한 습관은 평생을 살아가면서 도움이 됩니다. 상대방을 배려하고 존중하는 마음가짐을 갖는 것도 중요합니다. 상대방을 먼저 생각하면 자신에게 언젠가는 다시 돌아오기 때문입니다.

"사려 깊지 않고 상대방을 경시하는 사람은 반드시 그들에게 사로잡히게 된다."

학생들은 학교에서 기본 생활 습관을 배양하게 됩니다. 선생님이 학생을 지도할 때에도 계획을 세우고 규칙을 지킬 수 있도록 안내하는 이유입니다. 학교에서 학칙이나 생활 규정으로 제시하고 있죠. 학생들은 학교에 다니면서 자신의 생활 습관을 바르게 유지할 필요가 있습니다. 어렸을 때 만들어진 습관은 자연스럽게 삶을 살아가면서도 도움이 됩니다. 어떻게 기본 생활 습관을 형성하고 규칙을 준수할 수 있을지 알아보겠습니다.

📖 학칙 준수

학칙을 준수해야 합니다. 학교마다 학교생활 규정으로 별도로 만들어져 있기도 합니다. 학칙은 학생들이 기본 생활 습관을 형성하기 위해 만들어두었습니다. 음주나 흡연을 하지 말라고 하는 것도 같은 이유입니다. 유해한 환경에 노출되지 않도록 안내하고 있죠. 좋은 생활 습관을 가지고 있으면 삶을 살아가면서도 도움이 됩니다.

📖 계획 세우기

계획을 세워야 합니다. 한 해의 목표를 세워보고 할 일을 계획해 봅니다. 달성 가능한 단위로 한 달의 계획을 세우게 되죠. 또다시 한 주 단위로 쪼개보고 하루하루의 계획으로 만들어봅니다. 세분화한 계획은 목표를 달성하는 데 도움이 됩니다. 하루하루 달성하는 일도 체크해 보면서 자신이 성장하고 있다는 것을 느낄 수 있습니다. 계획을 세워야 하는 이유죠.

📙 지도에 따르기

선생님의 지도에 잘 따라야 합니다. 선생님이 교과 수업을 할 때도 정해진 교육과정에 따라 진행하게 됩니다. 교과의 학습 목표를 달성하기 위한 수업을 진행하죠. 계획성 있게 공부할 수 있도록 안내를 합니다. 선생님의 수업을 잘 듣고 자신이 부족한 영역은 어떤 것이 있는지, 잘 알고 있는 내용은 무엇인지를 찾아서 확인해 볼 수 있습니다.

학교생활을 잘하기 위해서는 학칙을 잘 지켜야 합니다. 생활 규정은 학생들에게 필요한 생활 습관을 만들어줄 수 있습니다. 선생님의 수업을 잘 듣고 자신에게 필요한 영역을 찾아서 공부할 수 있도록 합니다. 하루하루 계획성 있는 삶을 살아가는 것도 좋은 방법입니다. 계획 없이 살아가도 되지만 계획을 하고 살아가면 조금 더 빠르게 목적지에 도달할 수 있어요. 방향을 잃지 않을 수 있으니까요.

4) 피드백: 비판을 받아들이고 이를 통해 배우기

나의 생활 습관을 개선하려면 어떻게 해야 할까요? 먼저 자신을 알아야 합니다. 자신을 객관적으로 파악하면 부족한 점을 깨달을 수 있어요. 다른 사람에게 배울 점이 있다면 빠르게 파악해서 배워야 합니다. 내가 가지지 못한 능력을 가진 사람들도 있거든요. 이 사람들을 잘 관찰해 보면서 내가 부족한 점을 찾아보세요. 성장할 수 있는 밑거름이 될 수 있으니까요.

"싸우는 방법의 최고는 적의 계획을 방해하는 것이고, 차선은 적군의 합류를 막는 것이고, 그다음은 현장에서 적군을 공격하는 것이며, 가장 나쁜 정책은 성벽으로 둘러싸인 도시를 포위하는 것이다."

학생들은 선생님의 지도를 받습니다. 학칙을 위반하면 학생 선도위원회가 열리기도 합니다. 혹시 잘못한 일이 있다면 혼이 나기도 하죠. 같은 잘못을 하지 않도록 안내하게 됩니다. 학칙이나 학교생활규정에 반영되어 있는 규칙을 지키지 않은 경우에 진행하게 되죠. 선생님의 충고를 받아들이고 학생들의 자기계발에 활용할 수 있는 방법을 알아보겠습니다.

🔖 반성하기

비판을 받아들일 필요가 있습니다. 선생님들이 학생들에게 이야기하는 것은 부당한 요구를 하는 경우는 거의 없습니다. 학생들의 발전에 도움이 되는 이야기를 하죠. 수업 시간에 잡담을 하고 있다면다른 친구들에게 방해가 됩니다. 당연히 떠들고 있는 학생에게 '조용히 하라.' 하는 이야기를 할 수밖에 없죠. 자신의 잘못을 정확히 파악하고 반성하는 자세를 보여야 합니다.

🔖 자기 성찰

성숙한 사람은 잘못의 원인을 나에게서 찾습니다. 남의 탓을 하는사람들은 발전이 없습니다. 내가 잘못한 것은 하나도 없다고 생각하기 때문입니다. 자신의 행동에 자기 성찰이 필요합니다. 나의 잘못을 정확하게 파악하고 개선하고자 하는 의지를 보여주어야 합니다. 그 과정에서 성숙한 자신을 만나게 됩니다. 자신을 되돌아보는 자세는 선생님과 학생 간의 관계에도 도움이 될 수 있습니다.

📖 메타인지

자신의 강점과 약점을 파악해야 합니다. 자신이 잘하는 점은 무엇인지 파악해 봅니다. 누군가에게 도움을 줄 수 있는 것이 있는지 살펴보는 겁니다. 부족한 점은 어떤 것이 있는지도 확인해 봅니다. 내가 부족한 점을 알아야 다른 사람들에게도 도움이 될 수 있습니다. 개선이 필요한 영역을 빠르게 파악할 수 있다면 미래를 준비하는 데 많은 도움이 됩니다.

학생들은 선생님의 조언을 깊이 생각해볼 필요가 있습니다. 나에게 필요한 것은 무엇이고 어떻게 하면 개선할 수 있을지에 관한 진지하게 고민해 볼 필요가 있죠. 내가 잘못한 것이 있다면 스스로 반성을 해봅니다. 누군가에게 도움이 될 수 있는 방향으로 행동의 변화를 이끌어낼 수 있다면 더 좋습니다. 다른 사람의 충고를 받아들이고 생활습관을 개선한다면 더 좋은 삶을 살아갈 수 있는 나로 변화할 수 있습니다.

5) 열정: 관심과 참여 표시

> 공부를 할 때는 몰입해야 합니다. 같은 시간을 투자하더라도 얻을 수 있는 효과가 급증합니다. 자연스럽게 학습 효과도 증가합니다. 주변을 정리하고 조용한 곳에서 공부하는 방법도 좋습니다. 내재적 동기를 활용하여 적극적으로 공부할 수 있도록 해보는 것도 좋아요. 더욱 집중해서 공부할 수 있으니까요.

"수업 시간에 열정과 참여를 보여주면 교사와의 관계가 더 좋아지고 학업 성취도가 높아질 수 있습니다."

선생님이 교실에서 수업을 하고 있습니다. 학생들이 수업 시간에 수업은 듣지 않고 장난을 치고 있다면 선생님은 어떤 생각이 들까요? 수업을 방해하는 학생들을 끌어내고 싶을지도 모릅니다. 학생들이 수업에 적극적으로 참여하는 모습을 보여준다면 어떨까요? 선생님이 알고 있는 지식을 학생들에게 모두 전달하기 위해 최선을 다할 겁니다. 어떻게 하면 열정을 보여주며 적극적으로 참여할 수 있을지 알아보겠습니다.

📖 적극적 참여

적극적으로 학습에 참여해야 합니다. 공부를 하다가 모르는 내용이 나오면 질문을 합니다. 질문을 통해 이해하려고 하는 자세를 보여주어야 합니다. 선생님의 관심을 받을 수 있을 뿐만이 아니라 더 깊은 수준의 지식을 습득할 수 있습니다. 공부를 하면서 자신이 주도

권을 가지고 적극적으로 진행할 필요도 있습니다. 공부는 내가 모르는 것을 알아가는 과정이기 때문입니다.

📖 내재적 동기 활용

자신의 관심 분야를 찾아야 합니다. 동기는 내재적 동기와 외재적 동기가 있습니다. 내재적 동기는 자신의 필요에 의해 발현되고, 외재적 동기는 외부 자극에 의해 움직이는 힘을 말하죠. 자신의 관심 분야를 찾으면 스스로 참여하게 됩니다. 내재적 동기가 발현되는 거죠. 더욱 적극적으로 참여할 수 있습니다. 배운 내용을 되돌아보고 부족한 점을 찾아서 더 열심히 공부하는 자세를 보여줄 필요가 있습니다.

📖 스터디 그룹 조성

같은 공부를 하는 친구들과 스터디 그룹을 만들어 보세요. 다른 친구들과 협력할 필요가 있습니다. 적극적으로 공부하기 위해서는 서로 알게 된 지식을 설명해 주는 것도 좋은 방법입니다. 서로의 관심사를 공유하고 알고 있는 지식을 공유하면서 함께 성장할 수 있습니다. 열정적으로 공부할 수 있죠. 함께 같은 방향을 준비하는 것만으로도 성장에 많은 도움이 됩니다.

수업 시간에 열정적으로 참여하는 것만으로도 많은 성취의 변화를 느낄 수 있습니다. 당장 눈앞에 보이지 않더라도 조금씩 노력해 보세요. 나의 공부를 대신해 줄 사람은 없습니다. 내가 스스로 준비하면서 나의 지식을 만들어가야 하는 거죠. 열정적으로 참여하기 위해 필요한 것은 무엇인지 생각해 보면 좋겠습니다.

6) 상호 목표: 공통 목표를 향해 노력

학생들에게 교과 지식과 생활 지도를 가르치기 위해 교사가 있습니다. 교사의 교육 활동을 지원하기 위해 교직원이 있죠. 학교는 이러한 교육 환경을 잘 구성하고 있는 장소입니다. 학생과 선생님 모두 학생들의 진로와 진학을 준비하기 위한 목표가 있습니다. 선생님과의 소통이 필요한 이유이기도 해요.

"학생과 교사 모두 교육 목표를 공유한다는 점을 이해하면 노력을 조정하고 협력을 촉진하는 데 도움이 될 수 있습니다."

학생들은 무엇을 하는 데 집중하나요? 학교생활을 하면서 진로를 찾아 준비하고 미래를 준비하는 것이 되겠죠? 개인별로 목표는 다를 수 있습니다. 진로나 미래를 위해 공부해야 하는 것들이 달라질 수 있는 이유죠. 선생님들은 학생들의 목표를 찾기 위해 도와주는 분들입니다. 서로의 목표가 일치하면 진로를 찾거나 미래를 준비하는 데 많은 도움을 받을 수 있습니다.

📖 라포 형성

학년 초나 학기 초에 학생과 선생님 간의 많은 이야기를 나눠봅니다. 라포를 형성해야 합니다. 학생과 선생님 간의 관계가 원만해야 학교생활을 하면서도 많은 도움이 됩니다. 좋은 관계에서 나오는 시너지 효과가 있습니다. 혹시 실수한 일이 있다면 너그럽게 이해할 수도 있거든요. 서로의 관계에서 라포를 형성하는 것은 관계를 더 돈독하게 만들 수 있습니다.

📖 의사소통

의사소통이 잘될 수 있도록 신경 써야 합니다. 학교생활을 하다가 어려움이 생길 때 선생님께 도움을 요청해 보세요. 어려운 일이 아니라면 해결해 줄 겁니다. 학생들과 소통을 하다가 갈등 관계가 발생했을 때도 마찬가지입니다. 서로 의사를 잘 전달하고 소통이 원활해야 또 다른 문제가 발생하지 않습니다. 같은 목표를 가지고 있다면 슬기롭게 해결할 방법을 찾을 수도 있으니까요.

📖 지도에 따르기

선생님의 지도를 따라야 하는 이유는 무엇일까요? 선생님이 교과 수업을 진행할 때에는 수업목표를 달성하기 위한 방법에 따라 지도를 하는 과정입니다. 가장 빠르게 목표에 도달하는 방법을 제시하는 거죠. 선생님의 수업을 믿고 열심히 공부하다 보면 목표를 향해 나아갈 수 있습니다. 선생님의 리더십을 믿고 의지해 보는 것도 좋은 방법입니다.

선생님과 학생은 하나의 목표를 향해 서로 협력하고 의지해야 합니다. 학생들의 진로와 미래를 위한 준비를 해야 하는 관계인 거죠. 선생님의 지도를 믿고 따르다 보면 자연스럽게 목표를 함께 공유하고 준비하는 관계가 될 겁니다. 서로의 관계를 더 돈독하게 하고 적극적으로 소통하다 보면 어렵지 않게 함께 관심사를 공유할 수 있습니다. 라포와 의사소통이 중요한 이유이기도 합니다.

4. 장기 목표 설정과 실행

1) 비전 및 목표: 장기 목표 설정

새해를 맞이하시나요? 1년간의 계획을 세워보세요. 1달에 해야 할 일도 구분해 봅니다. 목표를 명확하게 해야 합니다. 이후에 달성 가능한 정도로 잘게 쪼개야 하죠. 잘게 쪼갠 목표를 달성하면서 성취감도 높아집니다. 자연스럽게 자신감이 높아지게 되죠. 자존감도 증가합니다. 매일 할 일을 계획하고 달성하려고 노력해 보세요. 목표를 하나하나 달성하는 과정에서 성장하는 자신을 만나게 됩니다.

"장기 캠페인을 계획하는 것처럼 명확한 학업 및 직업 목표를 설정하면 학생들이 집중하고 동기를 부여받는 데 도움이 됩니다."

우리가 공부할 때는 목적을 명확하게 해야 합니다. 어떤 목적을 달성할 것인지를 생각해 보고 진행해야 하는 거죠. 자격증을 취득할 것인지, 어떤 영역의 공부를 할 것인지 등등을 정합니다. 목적을 달성하기 위해 필요한 것은 무엇인지를 파악해 봅니다. 다음은 목표를 설정해야 합니다. 목적 달성을 위해 달성 가능한 정도로 세분화하는 거죠. 목표를 하나씩 달성해가면서 진로나 진학을 준비합니다.

🖍️ 인생 지도 그리기

인생 지도 그리기를 해보세요. 나의 꿈과 미래를 하나의 지도에 표현해 봅니다. 장기적인 목적과 목표를 시각적으로 표현하게 되거든요. 인생 지도를 그려두고 잘 보이는 곳에 걸어두세요. 시간 날 때마다 확인하는 겁니다. 인생지도의 확장이 필요한 경우가 있을 거예요. 노선이나 마인드맵에 관련한 내용을 기재해두고 조금씩 확장해 보세요. 이 내용을 바탕으로 1년이나 6개월에 한 번씩 다시 그리는 거죠.

🖍️ 플래너 작성

하루의 목표를 세워봅니다. 매년 초가 되면 다이어리를 구입하기 바쁩니다. 올해는 이렇게 해볼까? 저렇게 해볼까? 등등의 생각을 하곤 하죠. 그런데 작심삼일입니다. 3일만 지나면 다이어리는 한쪽 구석에 모셔져 있습니다. 어떻게 해야 할까요? 달성 가능한 목표를 기간으로 나누어서 설정해 보세요. 1년의 목표를 월 단위로 나누고, 주 단위, 일단 위로 세분화해야 합니다. 하루하루에 달성하는 모습을 보면서 성취감을 높일 수 있습니다.

📖 목표 달성 체크

정기적으로 목표를 체크해야 합니다. 내가 하고 있는 일이 목적이나 목표에 맞는 일인지도 확인해 봅니다. 매일 계획하고 수행하는 과정을 체크하는 것도 좋고요. 주 단위로 묶거나 월 단위로 체크해 보면 됩니다. 하루에 할 수 있는 일들이 모여서 목표 달성을 이루는 경우가 많습니다. 어느 정도의 결실이 모이면 목표와 관련한 일인지를 체크하고 달성 정도를 파악해 보세요.

공부를 할 때는 방향을 명확하게 설정해야 합니다. 달성 가능한 정도의 목표로 잘게 쪼개어 진행할 필요도 있죠. 하나씩 달성해 나가는 것을 보면서 성취감도 오르고 만족감도 증가합니다. 내가 할 수 있다는 자존감도 높아지게 되죠. 공부할 때 먼저 목적을 생각하고 목표를 세분화해야 하는 이유입니다. 장기적인 계획을 세우고 달성하는 과정에서 성장도 함께 이루어질 수 있답니다.

2) 자기 인식: 강점과 약점 인식

메타인지는 자신이 아는 것을 알고 모르는 것도 아는 것을 말합니다. 소크라테스가 이야기한 내용 아시죠? '내가 아는 것은 내가 모른다는 것이다', '너 자신을 알라' 등과 같은 이야기 말입니다. 자신을 객관적으로 파악할 수 있는 능력이 있어야 합니다. 메타인지는 갑자기 만들어지지 않습니다. 끊임없이 노력해야 가능한 거죠.

"자신의 강점과 약점을 아는 것은 학생들이 적절한 기회를 추구하고 필요한 경우 개선할 수 있도록 해줍니다."

자신에 관하여 가장 잘 알고 있는 사람은 누구일까요? 가족? 친구? 함께 일하는 사람? 이외에도 여러 사람을 이야기할 수 있습니다. 제가 보기에는 나를 가장 잘 알고 있는 사람은 자신입니다. 의외로 자신을 정확히 알고 있는 사람을 찾기는 힘들어요. 자신의 능력을 객관적으로 평가할 수 있어야 하죠. 많은 사람들이 자신을 과소평가하거나 과대평가하는 경향을 가지고 있습니다. 메타인지가 필요한 이유죠.

📔 SWOT 분석

SWOT 분석을 해보세요. 메타인지를 키우는 가장 좋은 방법은 SWOT 분석입니다. 자신의 강점, 약점을 먼저 찾아봅니다. 약점을 강점으로 만들면서 성장할 수 있어요. 기회와 위협요인도 찾아봅니다. 위협하고 있는 요인을 찾아서 기회로 만들면 더 큰 꿈을 향해 나아갈 수 있습니다. 자신을 객관적으로 바라보고 평가하는 것은 다른 사람들을 배려할 수 있는 힘이 되니까요.

📔 반성적 사고

반성적 사고를 해보세요. 어떠한 상황이 발생했을 때 인지적 감정과 약점을 찾아보는 겁니다. 자신의 행동을 성찰해 보고 반성하는 과정에서 성장할 수 있습니다. 자신의 문제를 분석적으로 접근하고 해석할 수 있으니까요. 미래 사회를 위해 필요한 문제해결 능력도 반성적 사고를 통해 발전할 수 있습니다. 메타인지를 적극적으로 활용하는 것은 자신의 능력을 질적으로 성장하게 해줍니다.

📖 자기 인식

자신을 정확히 알아야 합니다. 자기객관화가 잘 되어 있어야 하는 거죠. 자기 인식과 메타인지는 자신의 발달에 도움을 줍니다. 강점을 인식하면 더욱 부각할 수 있습니다. 약점을 알게 되면 보완할 수 있죠. 부족한 면을 채우게 되니까요. 결국, 다른 사람들과의 의사소통 과정에도 도움을 줄 수 있습니다. 메타인지는 자신을 정확히 인식하는 것부터 출발하게 되니까요.

자신을 정확히 알아야 성장할 수 있습니다. 성장은 다른 사람을 관찰하고 필요한 것을 깨달은 이후에 가능하거든요. 자신의 강점과 약점을 인식하는 것이 가장 중요한 이유입니다. 강점은 부각하고, 부족한 점을 보완할 수 있어야 성장이 이루어질 수 있습니다. 성장을 위한 방법으로 지속적으로 자신을 개선할 수 있도록 해야 합니다. 메타인지를 적극적으로 활용해야 하는 이유이기도 합니다.

3) 지속적 학습: 평생 교육

100세 시대입니다. 평생 공부하지 않으면 현재를 살아가기 힘든 사회에 살고 있습니다. 보통사람으로 살아가는 게 가장 어렵다는 말도 있습니다. 끊임없이 공부하고 자기계발을 해야 하는 이유이기도 합니다. 긍정적으로 세상을 바라보고 자신의 능력을 키울 수 있다는 자신감을 갖는 것도 좋은 방법입니다.

"지속적인 학습과 기술 개발의 중요성을 강조하는 것은 전쟁에서 지속적인 전략적 적응의 필요성을 반영합니다."

사회가 발전하면서 새롭게 알려지는 것들이 많이 있습니다. 생성형 인공지능을 활용하여 삶을 윤택하게 만들 수도 있어요. 새롭게 알려지는 것들을 사용하는 방법을 정확히 알아야 합니다. 학교에서 공부하는 것만 알면 될 줄 알았는데 계속 공부해야 합니다. 나이가 들어도 지속적으로 공부를 하지 않으면 현대 사회를 살아가기가 힘들어지는 세상입니다. 평생 학습 시대에 어떻게 준비해야 할까요?

📖 지속적 학습

지속적으로 학습해야 합니다. 기술이 발전하면서 자신이 알고 있는 지식이 오래된 내용일 수 있다는 것을 인식할 필요가 있어요. 평생 교육 시대에는 경쟁력을 확보하기 위해 지속적으로 공부를 해야 합니다. 사회가 발전하는 만큼 자신도 발전할 수 있어야 합니다. 지속적인 학습은 새로운 환경에도 적응할 수 있게 만들어주기 때문입니다.

📖 자신감 갖기

'나는 할 수 있다.'라는 생각을 가져야 해요. 자신감을 가져야 합니다. '지금까지 알려고 하지 않아서.', 또는 '써 본 적이 없어서.' 하지 않으면 계속 그 자리에 머물러 있을 수밖에 없습니다. 다양한 지식과 경험은 삶을 풍요롭게 만들어줍니다. 실패도 좋은 경험이 될 수 있거든요. 실패의 원인을 찾아서 성공할 수 있도록 보완하면 되니까요. 열정을 가지고 새로운 것에 도전해 보세요.

📖 긍정적 사고

새로운 정보를 받아들일 때 긍정적인 생각을 가져야 합니다. 긍정적인 사고는 지속적으로 새로운 정보를 받아들이는 데 도움이 됩니다. 요즘은 '원영적 사고'라는 표현을 사용하기도 해요. 긍정적인 생각으로 학습을 하면 결과도 좋습니다. 결과도 좋으니 새로운 적을 공부하겠다는 목적 의식을 더 높일 수도 있어요. 스트레스도 널 받게 되니 정서적으로도 안정될 수 있는 거죠.

평생 교육 시대에 살아가고 있습니다. 변화하는 세상이 적응하기 위해 끊임없이 배워야 합니다. 개인적인 성장과 긍정적인 사고는 새로운 기술을 받아들이는데 많은 기여를 합니다. 다양한 지식과 경험을 통해 새로운 학습에도 삶을 풍요롭게 할 수 있는 기반이 됩니다. 적극적으로 새로운 것을 받아들여 보세요. 자신의 시야를 넓히고 비판적 사고를 통한 문제 해결 능력의 향상도 함께 좋아질 수 있으니까요.

4) 네트워킹: 전문적인 관계 구축

사람들과의 관계를 잘 만드는 것도 능력입니다. 다른 사람들에게 신뢰할 수 있는 행동을 해야 가능한 일이기도 합니다. 정직해야 가능한 일이기도 하죠. 다른 사람의 이야기에 귀를 기울여 들어보세요. 어떻게 하면 자신의 능력을 키울 수 있을지에 관하여 고민해 볼 필요도 있습니다. 다른 사람들과 함께 성장할 방법은 없는지 확인해 보고 준비해야 하는 이유입니다.

"멘토, 전문가 및 동료와의 관계를 형성하면 미래 직업 기회의 문이 열릴 수 있습니다."

우리는 초·중·고등학교를 다니면서 미래를 준비해 왔습니다. 진로에 관한 준비를 하기도 하고, 진학을 준비하기도 하죠. 각자 관심 분야에 관한 준비와 더불어 다양한 영역의 공부를 하게 됩니다. 이때 선생님이나 다른 전문가분들의 도움을 받으면 조금 빠르게 준비할 수 있어요. 공부를 하는 방법을 터득하는 게 시행착오를 겪으면서 얻는 것보다 더 빠를 수 있거든요. 어떻게 하면 전문적 관계를 구축할 수 있을지 알아보겠습니다.

📖 정직성

믿음직한 사람들은 정직하다는 평을 듣게 됩니다. 정직하다는 것은 신뢰할 수 있다는 말이죠. 선생님과 학생 간의 예의일 뿐만이 아니라 사람들 간의 약속입니다. 사람을 믿을 수 있는 겁니다. 성실한 자세를 보여주어야 합니다. 하나의 목표를 설정하고 꾸준히 준비해 보세요. 일관된 행동으로 자신의 능력을 발휘할 수 있습니다. 관심 분야가 비슷한 친구들과도 함께 할 수 있습니다.

📖 이타성

사람들과 함께 생활하기 위해 필요한 것은 무엇일까요? 이타성을 가져야 합니다. 모두에게 이익이 돌아가는 방향으로 준비해야 합니다. 다른 사람을 먼저 생각하고 행동하다 보면 언젠가 나에게 다시 돌아옵니다. 진로나 진학을 준비할 때에도 함께 자료를 공유하고 준비하면 조금 더 쉽게 공부할 수 있습니다. 서로 가지고 있는 지식이 다르기 때문이죠. 서로 알고 있는 지식을 공유하면서 다양한 지식을 서로 나누는 시간을 가져보는 것도 좋습니다.

📖 경청

좋은 강의를 들어보세요. 유튜브에서 무료 영상을 보는 것도 좋습니다. 유료 강의를 통해 양질의 강의를 듣는 것이 정보를 선별해서 받아들일 수 있습니다. EBS 강의 등을 통해서 학교에서 배운 지식을 보강할 수 있습니다. 내가 부족한 것은 무엇인지를 파악할 수도 있죠. 강의를 선별해서 듣는 것도 공부하는 시간을 획기적으로 줄일 수 있는 방안입니다. 공부는 시간과의 싸움이기도 하니까요.

전문적인 지식을 함께 공부하기 위해서는 여러 사람들의 도움이 필요합니다. 학창 시절에 친구들과 함께 공부하고 준비하는 과정에서 함께 성장하기도 하죠. 정직한 성품으로 다른 친구들과 선생님들을 대해보세요. 주변에 사람이 많이 생기게 됩니다. 이타성을 바탕으로 누군가에게 도움이 되는 행동을 하는 것도 필요합니다. 시간을 아끼기 위해 좋은 강의를 듣는 것도 좋은 방법이라는 것 잊지 마세요.

5) 전략적 결정: 고교학점제

교교학점제가 전면 도입되면서 학교생활에도 변화가 생겼습니다. 진로와 진학을 위해 직접 학습 과정을 설계하고 적용할 수 있도록 하고 있죠. 계획성 있는 인생 설계가 가능합니다. 학교에서 주어진 교육과정을 이수할 때보다 자기 주도적인 학습이 가능합니다. 주도성이 강조되는 이유이기도 합니다. 이때에도 메타인지는 정확히 자신을 파악하는 데 가장 중요한 역할을 합니다.

"어떤 과정과 과외 활동을 추구할지에 대한 정보를 바탕으로 결정을 내리는 것은 미래의 진로를 형성할 수 있습니다."

학생들은 자신의 진로와 진학을 준비하면서 다양한 선택을 하게 됩니다. 고교학점제를 살펴보면 자신이 강의나 활동을 선택하는 거죠. 강의를 선택할 때에도 전략적으로 접근해야 합니다. 투입되는 시간에 비해 나오는 산출물이 좋게 하려면 철저한 계획도 필요하겠네요. 끊임없는 피드백도 필요하지요. 자신의 진로를 위한 강의와 활동을 선택하는 방법을 알아보겠습니다.

📖 계획성

계획성 있는 접근을 해야 합니다. 고교학점제는 진로와 진학을 위해 자신이 필요한 과목을 이수해야 합니다. 선택하는 과목을 이수하려면 관련 분야에서 필요한 과목인지, 도움이 되는 분야인지를 파악해야 합니다. 무턱대고 아무거나 선택해서 이수한다면 선명도가 흐려지게 마련입니다. 나의 색을 명확하게 하고 싶다면 계획을 세우고 과목을 선택하시기 바랍니다.

📖 유연한 생각

유연한 생각을 해야 합니다. 새로운 정보가 계속 만들어지고 보급되고 있습니다. 흔히 말하는 꼰대는 기존의 틀에 사로잡혀서 생각하고 행동하는 사람을 말합니다. 변화하는 사회에 유연하게 생각하고 적응할 수 있도록 접근하는 것도 필요하죠. 적응성을 높이는 데에도 도움이 됩니다. 자신이 선택한 과목을 이수할 때에도 자신만의 스토리를 만들어내야 합니다. 서사가 있어야 하는 거죠.

📖 메타인지

자신을 정확히 알고 판단하는 메타인지가 필요합니다. 자신의 강점과 약점을 정확히 파악하고 있어야 정확한 판단이 가능합니다. 내가 잘하는 것은 무엇인지, 부족한 점은 어떤 것이 있는지 알고 있어야 해요. 메타인지는 다른 사람과 대화를 할 때도 도움이 됩니다. 누군가에게 필요한 사람이 될 수 있거든요. 약점이 있다면 어떻게 보완하고 접근해야 강점으로 승화할 수 있는지도 파악해 보세요.

고교학점제뿐만이 아닙니다. 삶은 공부의 연속이지요. 살아가면서 알게 된 지식을 잘 엮어서 준비해야 합니다. 자신의 삶을 개척하고 자신만의 생활을 누릴 수 있습니다. 나의 삶은 누가 대신 살아주지 않습니다. 누군가에게 도움이 될 수 있는 삶을 살아가기 위해 계획을 세우고 유연하게 대처하는 능력이 필요합니다. 메타인지는 삶을 살아가는 데 많은 도움이 될 겁니다.

6) 회복탄력성: 좌절 극복

도전하지 않으면 아무 일도 일어나지 않습니다. 일단 움직여야 어떤 일이든 일어나게 되죠. 자신의 능력을 키우고 싶다면 어떻게 해야 할까요? 실패를 두려워하지 말고 실행해야 합니다. 실패하더라도 소중한 경험이 되기 때문입니다. 학습된 무기력이란 계속된 실패로 무언가 하려고 하는 의지가 꺾인 상태를 말합니다. 소진이라는 단어로 쓰기도 하죠. 회복탄력성을 통해 문제를 해결하고 적극적으로 생활할 수 있는 능력을 키울 수 있습니다.

"학업이나 경력의 차질을 극복할 수 있는 회복력을 키우는 것은 사기를 유지하고 전투에서 패배한 후 적응하는 것과 마찬가지로 매우 중요합니다."

회복탄력성이란 실패를 하더라도 빠르게 극복하는 능력을 말합니다. 우리는 공부한 내용을 바탕으로 시험을 봅니다. 내가 정확히 알고 있는지 지식을 평가하게 되죠. 그런데 생각만큼 성적이 잘 나오지 않는 경우가 있어요. 이럴 땐 어떻게 해야 할까요? 원인을 파악하고 학습하는 방법을 개선해야 합니다. 원인 파악 없이는 개선이 이루어지지 않으니까요. 회복탄력성을 학습에 활용하는 방법을 알아보겠습니다.

📖 긍정적 사고

긍정적인 생각을 해야 합니다. 실패를 하더라도 두려워할 필요가 없습니다. 도전하면서 얻는 경험이 더 큰 자산이 될 수 있으니까요. 자신의 장점과 능력을 인식하고 발전시킬 수 있도록 합니다. 어려움이 생기더라도 포기하지 않고 극복할 수 있는 힘이 될 수 있습니다. 긍정적인 생각은 행동으로 발현되기 때문이죠. 회복탄력성을 키우는 데 아주 많은 도움이 됩니다.

📖 문제 해결 능력

문제 해결 능력을 키워야 합니다. 삶을 살다 보면 어려운 상황이 생기게 마련입니다. 이때 창의적이고 효과적인 해결책을 찾을 수 있는 능력이 필요해요. 실패를 하더라도 경험을 통해 얻는 지식은 삶을 살아가는 지혜가 될 수 있습니다. 다양한 관점으로 문제를 해결해 보고 대안을 찾아보아야 합니다. 문제를 발견하고 스스로 해결하는 능력을 키우면서 회복탄력성을 키울 수 있습니다.

📖 원만한 관계

친구들과 원만한 관계를 만들어야 합니다. 친구들과의 관계가 원만하면 학교생활을 하는 데 많은 도움이 됩니다. 긍정적이고 건강한 관계를 만들어갈 수 있으니까요. 혹시 도움이 필요하다면 서로의 힘을 주고받을 수 있도록 합니다. 어려운 일은 함께 나누고 좋은 일도 함께하면서 서로를 격려할 수 있어야 해요. 좋은 관계는 회복탄력성을 기르는 데 아주 좋은 역할을 합니다.

우리는 학교생활을 하면서 회복탄력성을 기를 수 있는 훈련이 필요합니다. 누군가에게 도움이 될 수 있는 사람이 될 수 있어야 해요. 서로 도움을 주고받으면서 성장하면 친구들과의 관계도 좋아질 겁니다. 누가 시키는 대로 하는 것보다는 자기 스스로 움직일 수 있어야 합니다. 학교생활을 하며 주도성을 바탕으로 적극적으로 생활해 보세요. 회복탄력성을 자연스럽게 키울 수 있으니까요.

5. 인생 지도 그리기

1) 자기 성찰: 자신의 가치와 열정 이해하기

자신을 정확히 알아야 합니다. 이 책의 주제인 메타인지가 뛰어난 사람들은 자신의 가치와 열정을 이해하면서 목표를 설정하고 달성하기 위한 전략을 세울 수 있습니다. 개인의 경험과 감정을 분석하는 과정을 통해 성장할 수 있는 기반을 다질 수 있죠.

"자신의 가치와 열정을 이해하면, 개인의 목표를 명확히 할 수 있습니다. 지속적인 학습과 자기계발이 필요합니다."

학생 스스로 진로를 개척하면서 해야 할 일이 있습니다. 자신이 어떤 것을 좋아하고 어떤 분야로 진출할 것인지를 파악하는 거죠. 자연스럽게 자신의 가치를 느낄 수 있고 어느 정도의 열정을 쏟을 수 있을지를 파악합니다. 자신의 인생 지도를 그려보면 얼마나 성장할 수 있을지 계획성 있고 전략적으로 생활할 수 있습니다. 인생 지도를 그릴 때의 첫 번째 단계로 자신을 정확하게 파악할 방법을 안내합니다.

📖 일기 쓰기

매일 일기를 써보세요. 아침에 쓰는 것도 좋습니다. 전날의 일과도 생각해 보고 기록합니다. 오늘 할 일을 계획해 보세요. 계획한 일을 달성했는지도 확인해 봅니다. 하루를 지나면서 계획을 달성했을 때 체크해 보면서 성과를 기록해 보는 방법도 좋습니다. 행복한 순간은 언제인지, 그날의 성취는 무엇인지, 내가 중요하게 생각하는 가치는 어떤 것이 있는지도 기록해 보세요.

📖 좋은 관계 설정

가족들이나 친구들과 좋은 관계를 유지해야 합니다. 가까운 관계의 사람들이 바라보는 나의 모습은 어떤지 파악해 볼 필요가 있죠. 쉽게 이야기하면 피드백이 필요합니다. 나의 강점과 약점은 무엇인지, 나에게는 어떤 가치를 얻을 수 있을지를 함께 고민해 볼 수 있습니다. 나에 관한 피드백은 자신을 정확히 파악할 수 있도록 도와줍니다. 주변 사람들과의 관계도 나에게 긍정적으로 작용할 수 있습니다.

📔 새로운 경험하기

새로운 경험을 시도해 보세요. 현실에만 안주하고 있는 사람들은 발전이 없습니다. 새로운 것에 도전하고 실행해 보세요. 자신의 흥미를 발견하고 열정을 투자할 수 있습니다. 새로운 경험을 계속하다 보면 조금씩 할 수 있는 일이 늘어나게 될 겁니다. 이 경험은 나의 삶에서 어떤 가치를 가지게 될 것인지도 고민해 보는 과정을 통해 성장할 수 있습니다. 반성적 사고도 함께 발달하게 될 테니까요.

삶을 설계하고 인생을 살아가면서 필요한 것이 있습니다. 전략적으로 사고하고 행동할 수 있어야 하죠. 나에 관하여 정확히 알 수 있도록 주변 사람들과의 관계에도 신경을 써보세요. 새로운 경험을 시도해 보면서 내가 할 수 있는 일의 양을 늘려봅니다. 흥미와 관심을 가지게 되는 영역이 늘어나게 됩니다. 인생지도를 그리는 데 많은 도움이 될 수 있으니까요.

2) 목표 설정: 단기 및 장기 계획

목표를 설정할 때에는 여러 가지 방법이 있습니다. 한 번에 달성하기 어려운 목표라면 달성 가능한 단위로 쪼개서 진행하는 것도 좋은 방법입니다. 단계별로 계속된 성공감을 느낄 수 있기 때문입니다. 목표를 잘게 쪼개는 것은 여러 가지 일들을 동시에 진행할 수 있도록 도와줄 겁니다. 그 과정에서 다양한 분야의 능력을 키울 수 있습니다.

"달성 가능한 단기 목표와 열망적인 장기 목표를 설정하면 방향과 동기가 부여됩니다."

삶을 살아가면서 목표를 세워야 합니다. 목표를 세우기 위해서는 무엇을 먼저 해야 할까요? 목적을 정확하게 해야 합니다. 어떠한 직업을 갖기 위해 필요한 것은 무엇인지, 어떤 자격증이 필요한지, 어떤 과목을 공부해야 하는지 등등을 결정해야 하는 거죠. 이후에 세분화된 목표를 설정해야 합니다. 목표를 달성하기 위해 단기적으로 준비하고 장기적으로는 어떠한 내용을 준비해야 하는지 알아보겠습니다.

📖 단기 목표 설정

먼저 단기 목표 설정에 관하여 알아보겠습니다. 단기 목표는 비교적 짧은 시간에 달성할 수 있는 목표를 말합니다. 성취감을 빠르게 느낄 수 있습니다. 진행 상황을 점검하고 필요에 따라 일정이나 계획을 조정하면서 유연한 접근이 가능하죠. 구체적인 일정을 세우고 우선순위를 정해서 공부를 하는 방법을 활용하면 단기 목표 설정을 통해 성취감을 극대화할 수 있습니다.

📖 장기 목표 설정

장기 목표 설정은 몇 년에 걸쳐 달성해야 하는 목표가 될 수 있습니다. 인생의 목표나 큰 프로젝트의 완성을 의미하기도 하니까요. 장기 목표는 삶의 방향성을 제시해 줍니다. 지속적으로 동기부여를 할 수도 있죠. 앞으로의 미래를 위해 준비할 수 있는 힘이 됩니다. 장기 목표 달성을 위해 목표를 세분화하고 정기적으로 체크해 보면서 방향성을 결정할 수 있습니다.

🔖 혼합하기

효과적인 목표 달성을 위해 장기 목표와 단기 목표를 적절히 섞어서 활용해야 합니다. 장기적인 목표를 세분화하면서 중간 단계로 단기 목표를 설정해 보는 거죠. 단기적인 목표에만 집중하면 장기적 성장이 어려울 수 있습니다. 장기적인 목표만 바라보면 지속적으로 성취감을 느끼기는 힘들 수 있죠. 균형 있게 활용할 수 있도록 계획과 일정을 잘 조율하면서 성장하는 방법을 찾아보는 것도 좋겠습니다.

목표를 설정히고 이를 세분화해서 체크하는 것은 동기부여에 많은 도움이 됩니다. 어떤 사람도 한 번에 모든 일을 다 할 수는 없거든요. 차근차근 준비하고 열정을 가지고 차분히 준비해야 합니다. 장기목표를 바탕으로 목표를 세분화해야 합니다. 단기 목표를 세분화한 목표와 함께 진행하는 방법을 통해 조금 더 효율적이고 체계적으로 성장할 수 있는 발판을 만들어낼 수 있습니다.

3) 유연성: 변화에 대한 적응

전투의 상황은 끊임없이 변화합니다. 전략가가 상황에 맞춰 신속하게 변화해야 하죠. 상황의 변화를 인지하고 판단하는 능력을 키워야 합니다. 자신의 상황과 적의 상황을 정확하게 인식하고 변화하는 상황에 맞추어 적절한 결정을 내릴 수 있어야 합니다.

"변화를 빠르게 인지하고 위협에 대처하는 능력을 키워야 합니다."

인생지도를 그려보는 것은 삶을 계획하고 시각화해서 계획성 있는 삶을 살아갈 수 있도록 도와줍니다. 삶을 살아가면서 중요한 것이 있습니다. 변화하는 사회에 적응해야 한다는 것이죠. 사회가 변화하면서 기준이 변화하기도 하고, 제도나 법이 바뀌는 경우도 있습니다. 변화하는 환경에 유연하게 대처하고 적응할 수 있어야 합니다. 어떻게 하면 유연하게 대처할 수 있을지 알아보겠습니다.

📖 주도성

공부 방법을 스스로 결정하고 진행해야 합니다. 다시 말해 자기 주도적 학습을 해야 합니다. 공부를 할 때도 학습 경로를 다양하게 하면서 자신에게 더욱 적합한 학습 방법을 찾아야 합니다. 온라인 강의를 들어보기도 하고, 스터디 그룹을 만들어 공부해 봅니다. 함께 공부하는 과정에서 서로의 강점을 배우고 약점을 보완할 수 있습니다. 공부한 내용을 누군가에게 설명해 보는 과정에서 자신의 지식을 확인할 수도 있습니다.

📓 지속적인 보완

피드백이 필요합니다. 장기적인 계획에 따라 움직여야 하죠. 자신이 공부한 내용을 어느 정도 파악하고 있는지 확인해 봅니다. 시험 공부를 하고 있다면 모의시험 환경을 만들어서 문제를 풀고 틀린 문제를 분석하고 이해하는 과정을 거쳐서 자신의 약점을 보완해 봅니다. 주기적으로 학습 과정을 확인하고 개선할 점이 없는지 파악하는 것이 좋습니다.

📓 일의 분류

시간 관리에 중점을 두어야 합니다. 일을 중요도 순으로 관리할 필요가 있죠. 먼저 해야 할 일과 나중에 해도 될 일만 구분해도 시간과 일정을 관리하는 데 많은 도움이 됩니다. 갑작스러운 변수가 생기게 되었을 때도 유연하게 대처가 가능하거든요. 공부를 하면서 자신의 생활을 하는 것도 유연하게 대처할 수 있습니다. 균형 있는 삶은 스트레스를 줄이고 효율적으로 살아갈 수 있게 해주니까요.

삶을 계획하고 준비하는 것이 쉬운 일은 아닙니다. 삶이 계획대로 모두 이루어지면 좋겠지만 그렇지 않은 경우도 많이 일어나거든요. 유연한 대처가 필요한 이유입니다. 자기주도적으로 계획하고 추진해 봅니다. 혹시 예상대로 일이 진행되지 않으면 계획을 수정해서 진행해 봅니다. 추진하고 있는 일도 우선순위에 따라 움직여보세요. 자신의 생활을 관리하는 과정에서 변화에 적응할 수 있는 힘이 생기게 될 테니까요.

4) 균형: 학업, 취미, 개인 생활 관리

균형을 통해 우리는 더 나은 결과를 얻고, 삶의 질을 향상시킬 수 있습니다. 균형 있는 삶은 개인의 행복과 성취를 가지고 오는 중요한 원칙입니다. 균형 있는 삶을 위해서는 학업, 취미, 개인 생활 등 다양한 관점에서 능력을 키울 필요가 있습니다. 시간 관리가 필수적이죠. 하루의 일과를 계획하고 달성한 정도를 파악해 보는 것도 좋은 방법입니다.

"개인의 삶에서의 '균형'이 중요합니다. 학업, 취미, 개인 생활에서의 균형은 삶을 유지하는 기틀이 됩니다."

학생들은 삶의 패턴을 잘 운영할 필요가 있습니다. 공부에 힘을 쏟다 건강을 해칠 수도 있기 때문이죠. 균형 있는 패턴으로 삶을 살아갈 필요가 있습니다. 취미나 흥미를 가지고 배우는 활동도 함께할 필요가 있습니다. 어느 한쪽에만 치우쳐 생활하다 보면 문제가 생길 소지도 있죠. 어떤 일이든 균형이 중요한 이유입니다. 균형 잡힌 삶을 살아가는 방법을 알아보겠습니다.

📖 계획적인 삶

계획적인 삶을 살아야 합니다. 아침에 플래너에 하루의 일과를 계획해 봅니다. 요즘은 스마트폰에 달력 메모 기능을 활용해 보는 것도 좋습니다. 하루에 해야 할 일을 목록으로 만들어봅니다. 일의 우선순위를 정해서 중요한 일과 빠르게 처리해야 하는 일을 먼저 처리합니다. 일의 진척이 보이지 않으면 일의 단위를 잘게 쪼개는 것도 좋은 방법입니다. 성취감을 얻으면 일이 빨리 진행되니까요.

🖎 제한 시간 설정

해야 할 일이 있다면 각각의 제한 시간을 정해두고 진행합니다. 학습할 시간을 정해두고 공부해 보세요. 집중력이 향상될 수 있습니다. 취미활동을 할 때도 마찬가지입니다. 놀 때는 놀고, 공부할 때는 공부하면 효율이 오르게 마련입니다. 학교에도 공부하는 시간과 쉬는 시간이 따로 있잖아요? 자신만의 시간을 가지는 것도 좋은 방법입니다. 여유를 가지고 살아갈 수 있으니까요. 잘 생각해 보고 적용해 보세요.

🖎 인프라 활용

주변에서 활용 가능한 내용을 확인해 봅니다. 학교의 선생님들께 배울 수 있는 지식은 어떤 것이 있는지 확인해 봅니다. 진로와 진학에 관한 상담을 받아보고 필요한 것을 준비합니다. 멘토, 멘티 프로그램을 잘 활용하면 좋습니다. 효율적으로 자신을 통제하고 성장할 수 있죠. 자신의 정신적인 스트레스만 잘 관리해도 살아가는 데 많은 도움이 됩니다.

학업을 지속하는 데 있어 계획적인 삶을 살아가는 것이 중요합니다. 전략적인 삶을 살면서 필요한 것은 무엇인지 확인해 봅니다. 학업과 취미, 흥미를 병행해서 마음의 균형을 찾는 것도 필요하죠. 어떻게 시간을 계획하고 활용하느냐에 따라 삶이 달라집니다. 시간을 정확히 정해두고 관리해 보세요. 장기적으로 생각해 보고 준비해 보세요. 선택과 집중을 통해 삶의 질을 향상시키는 데 집중해 보는 것도 좋은 방법입니다.

5) 마음 챙김: 현재에 집중하기

미래에 대한 막연한 두려움을 가지고 생활할 필요는 없습니다. 현재에 집중해서 생활해야 하는 이유죠. 지금 이곳에서 나에게 주어진 환경을 정확히 파악할 필요가 있습니다. 정신적인 안정을 통해 마음을 챙겨야 합니다. 전략적으로 어떻게 힘을 주고 빼야 하는지도 고민해 볼 필요가 있습니다. 나의 감정을 조절하면서 주변 사람들과 함께할 수 있는 능력을 키울 필요가 있습니다. 인생의 주인공은 내가 되어야 하니까요.

"일상생활을 하면서 지금 여기에 주의를 기울여보세요. 현재에 집중하면 개인의 삶의 질을 향상시킬 수 있습니다."

삶을 계획하고 인생 지도를 그려볼 때 가장 먼저 해야 할 일이 있습니다. 내 삶의 주인공은 내가 되어야 합니다. 다른 사람에게 휘둘릴 필요가 없습니다. 자신의 마음을 챙기고 현재에 집중해야 하는 거죠. 학생들은 특히 스트레스를 관리해야 집중력이 향상될 수 있습니다. 전체적인 삶의 질을 높일 수 있는 방법이기도 합니다. 마음을 챙기고 현재에 집중할 수 있는 효과적인 방법을 알아보겠습니다.

📖 마음 다스리기

자신의 마음을 안정화하고 조절할 수 있는 마인드컨트롤이 필요합니다. 호흡법이나 요가 등을 활용해서 자신의 마음을 다스릴 수 있도록 시도해 봅니다. 조용한 공간을 찾아 편안한 자세를 취해봅니다. 숨이 들어오고 나가는 상황에 집중해 보고 자신의 신체를 느껴보세요.

호흡법만으로도 집중력을 향상시킬 수 있습니다. 머릿속으로 생각하는 자신과 몸을 일체화하면서 조절 능력을 키워보시기 바랍니다.

📖 플래너 작성

다이어리를 활용해 보세요. 계획성 있는 삶을 살아가는 데 도움이 됩니다. 아침에 하루의 일과를 계획해 보고 하루를 진행합니다. 계획의 달성 정도를 확인하고, 자신의 감정을 기록으로 남겨봅니다. 많은 시간이 소요되지 않습니다. 잠깐 시간이 난다면 다이어리를 펴고 기록해 보세요. 시간이 나지 않는 경우는 키워드만 기록해 두었다가 한 번에 기록하는 방법도 좋습니다.

📖 적극적 참여

미래를 계획하고 준비하는 것이 쉬운 일은 아닙니다. 내일 만나게 되는 자신은 어떤 사람일까요? 오늘 최선을 다하면 지금보다 성장한 자신을 만나게 될 수 있습니다. 자신의 생각과 감정을 숨기지 말고 표현하는 것도 좋은 방법입니다. 나에게 주어진 과제를 해결하고 함께 살아갈 수 있는 해결책이 될 수 있으니까요. 조금씩 성장하는 자신을 만날 수 있습니다.

인생을 계획하고 준비하는 것은 쉬운 일이 아닙니다. 자신의 미래의 삶이 내 마음이나 생각과 같이 흘러가지는 않습니다. 현재에 집중하고 살아가야 하는 이유이기도 하죠. 오늘 최선을 다해야 지금보다 성장한 나를 만날 수 있습니다. 이 글을 쓰고 있는 지금도 끊임없이 미래가 현재가 되고 다시 과거로 바뀌고 있으니까요. 오늘도 최선을 다하는 하루 보내시기 바랍니다.

6) 프로세스: 행동의 영향 고려

모든 행동을 할 때는 전략적으로 접근해야 합니다. 상황을 예측하고 올바른 결정을 할 수 있도록 할 필요도 있죠. 우리의 행동의 결과를 깊이 이해하고 더 나은 선택을 할 수 있도록 해야 합니다. 삶의 지혜는 지식이 쌓여서 자연스럽게 발현될 수 있어야 합니다. 평생 공부를 계속해야 하는 이유이기도 합니다.

"행동의 결과를 예측해야 합니다. 불행한 결과가 예상된다면 빠르게 계획을 변경할 필요가 있습니다."

삶을 설계하고 미래를 준비하면서 고려해야 할 일이 있습니다. 내가 하는 행동이 다른 사람들에게 도움이 되어야 합니다. 이타성을 바탕으로 일을 설계할 필요가 있어요. 생각나는 대로 아무 일이나 모두 하면 안 됩니다. 다른 사람에게 도움을 줄 방안은 무엇인지 생각해 볼 필요가 있죠. 어떻게 해야 이타성을 바탕으로 프로세스를 만들어낼 수 있을지 알아보겠습니다.

📓 결과 예측

결과를 미리 예측해 볼 필요가 있습니다. 나의 행동이 바람직한지 그렇지 않은지를 판단할 수 있죠. 사람들의 행동은 긍정적으로 평가되기도 하지만 그렇지 않은 경우도 있습니다. 시험을 앞두고 있다면 시험 공부를 해야겠죠? 시험공부를 게을리하면 좋은 성적을 받기 어렵습니다. 앞을 내다보고 예측해 보면서 내가 해야 할 일이 무엇인지 판단할 수 있습니다.

📓 윤리적 측면 고려

윤리적으로 바람직한지를 판단해야 합니다. 나의 행동이 다른 사람에게 어떤 영향을 끼치게 될지 고민해 볼 필요가 있어요. 다른 사람들에게 피해를 주는 행동은 자제해야 합니다. 혹시 유해한 환경을 조성한다든가 다른 사람에게 피해를 주는 일을 하게 되는 것은 바람직하지 않습니다. 나의 삶을 설계하면서 다른 사람들에게도 긍정적인 영향을 미칠 수 있도록 준비해 보세요.

📓 비판적 사고

삶을 살아가면서 다양한 정보를 얻게 됩니다. 정보를 받아들일 때 비판적 사고를 해야 합니다. 삶을 계획하고 진행하는 자신의 행동이 다른 사람들에게 미치는 영향에 관한 분석이 필요해요. 다양한 가능성을 확인하고 결과를 예측해 봅니다. 일상생활을 살아가는 데 도움이 됩니다. 비판적으로 사고를 하다 보면 얻는 것이 있습니다. 미래를 준비하면서 삶의 지혜를 키울 수 있거든요. 문제를 해결하고 더 나은 결과를 가져오는 결정에 도움이 되니까요.

 나의 습관을 만들고 실행에 옮기기 위해 다양한 생각을 해야 합니다. 누군가에게 피해를 주는 행동은 아닌지도 생각해 볼 필요가 있어요. 비판적으로 사고를 하는 연습을 하다 보면 자연스럽게 성장할 수 있습니다. 문제해결능력이 향상되거든요. 많은 경험을 통해 자신의 능력을 키우는 것도 필요합니다. 더욱 사려 깊고 책임감 있는 행동을 하게 될 수 있어요. 나의 행동이 '다른 사람에게 영향을 줄 수 있다는 것' 꼭 기억하세요.

제4장

좋은 습관 만들기

1. 루틴으로 자기 선언하기

1) 루틴으로 습관 만들기

〈예시〉

시 간	할 일	체크 포인트	달성 여부
06:00~	아침 독서	10쪽 읽기	□
08:00~	등교	오늘 할 공부 체크	□
12:00~	점심식사		□
13:00~	오후 수업	○○ 수행평가 준비	□
	하교 후	영어 학원 수업	□
	자습	수학 기출 문제집 1회 풀기	

　습관과 루틴의 차이를 아시나요? 습관은 내가 의도하지 않아도 실행하고 있는 것을 의미합니다. 루틴은 어느 정도의 의도성을 가지고 행동하는 것을 말하죠. 저의 경우 대표적으로 아침 루틴과 같은 건데요. 아침에 일찍 일어나서 책을 읽고, 글을 쓰는 것이 쉽지는 않습

니다. 의도적으로 실행에 옮기기 위해 일찍 잠에 들려고 노력합니다. 아직 습관이라고 이야기하기는 어렵습니다. 루틴으로 습관을 만들어 가는 3가지 방법에 관하여 알아보려고 합니다.

📖 목적과 목표 설정하기

습관과 루틴을 설정하기 위해서 가장 먼저 해야 할 일이 있습니다. 목적과 목표를 설정해야 합니다. 목표는 목적을 달성하기 위해 필요한 겁니다. 목표를 달성하기 위해 노력을 하면서 자연스럽게 루틴을 만들고 실행합니다. 습관은 루틴을 실천하다 보면 자연스럽게 몸에 배어 나오기도 하니까요. 목적을 찾고, 목표를 설정하는 것을 가장 먼저 해야 하는 이유입니다.

목적과 목표를 설정한 이후에는 계획을 세워야 합니다. 하루의 일과를 플래너를 작성해보고 실행에 옮깁니다. 하루하루의 일기를 작성해보고, 감사할 일은 어떠한 것이 있는지 확인합니다. 나의 삶의 주관자가 될 수 있도록 해보는 거죠. 플래너를 작성할 때에는 약간의 여유 시간을 둡니다. 계획대로 되지 않는 경우가 많습니다. 계속된 성취감을 느낄 수 있도록 하는 거죠. 일상생활을 하다 보면 약간의 여유는 목적과 목표 달성에 도움이 됩니다.

📖 자기선언- 긍정 확언하기

매일 자기선언을 통해 긍정 확언을 해보세요. 나 자신을 긍정적으로 만들 수 있는 원동력이 되는 거죠. 어떤 일을 하고자 할 때 내 생각을 계획적으로 실행할 수 있습니다. 잘될 거라고 생각하는 믿음은 실행력으로 옮기기 좋은 상태를 만들어 줍니다. 목적을 달성하기 위해 실행이 가능한 목표를 설정하게 되거든요. 목표를 향해 노력하면서 계속된 성취감을 느낄 수도 있습니다.

긍정 확언과 감사 일기를 작성하는 것은 자기계발에서 빠질 수 없는 요소입니다. 나 자신의 생각을 긍정적으로 변화할 수 있도록 도와주기도 합니다. 다른 사람의 생각이 나와 다를 경우에도 생각하는 방식을 다르게 만들어 줍니다. '내 생각과 다른 관점을 가지고 있구나.'라는 생각을 하게 되는 거죠. 다른 사람의 관점에서 바라볼 수 있는 힘을 가질 수 있습니다.

📖 바로 실행하기

어떤 일이건 실행에 바로 옮기는 습관을 가져야 합니다. 목적과 목표를 설정하고 플래너를 작성하는 것도 중요합니다. 이를 실행하는 것이 더 중요하죠. 계획만 세우고 실행에 옮기지 않으면 아무 의미가 없는 거죠. 어떤 일을 실행하기 위해 필요한 것은 바로 움직일 수 있는 힘입니다. 벌떡 습관을 만들기 위해서는 바로 행동하는 것이 필요합니다.

알람 소리를 평소에 즐겨듣던 노래로 맞춰둔다면 아침을 상쾌하게 맞이할 수 있습니다. 알람 소리조차도 듣기 싫은 경우도 있거든요. 아침에 일찍 일어나려고 한다면 이 방법도 추천합니다. 실행에 옮기는 좋은 방법을 소개해 드릴게요. 작은 목표를 세우고 그것을 달성할 때마다 나 자신에게 선물을 해주는 것도 좋습니다. 매번 선물을 해주는 건 어렵겠지만 한 달에 한 번이나 분기별로 실행해 보는 것은 어떨까요?

　어떤 일이든 습관으로 만들어내고 행동하는 것은 쉽지 않습니다. 루틴으로 만들고 실행해 보는 과정을 통해 만들어지는 거죠. 하루아침에 성공하는 것이 아닙니다. 하루하루 계획성 있게 실천하고 행동한 결과들이 모여서 만들어지는 거죠. 목적과 목표를 설정하고 이를 달성하기 위해 노력한 결과물이 습관으로 만들어질 수 있습니다. 의도적으로라도 루틴을 설정하고 실행해야 하는 이유입니다.

2) 긍정 확언을 통한 자기선언

　미라클모닝으로 매일 아침을 맞이하는 사람들이 많이 있습니다. 저도 새벽 4시 반이면 일어나는 아침 루틴으로 하루를 시작합니다. 자기계발을 위해 노력하는 사람들이 함께 모여 함께하기도 하죠. 자기계발을 방법 중 하나가 긍정 확언입니다. 긍정적인 생각을 가지고 있어야 하고요. 내가 바라는 대로 이루어질 것이라는 확언을 합니다. 자기선언은 긍정 확언을 전제로 합니다.

🖎 건강과 스트레스 관리

　IQ와 EQ 중에 어떤 것이 우선일까요? 꽤 많은 기간 동안 논쟁을 벌인 적이 있습니다. 결국, 정서가 사고를 지배한다는 결론에 이르게 되었습니다. 건강과 스트레스를 관리해야 하는 이유입니다. 말과 행동은 연결되어 있습니다. 우리는 생각한 대로 말을 하고, 행동을 합니다. 긍정적인 생각을 통해 자신을 변화시킬 수 있습니다. 생각한 대로 행동할 수 있기 때문이죠.

아침 긍정 확언을 통한 자기선언이 가지는 의미는 무엇일까요? 나의 건강을 관리할 수 있습니다. 코르티솔 호르몬은 스트레스에 반응해서 나오게 됩니다. 스트레스는 만병의 근원이죠. 억지로라도 웃으라는 말을 들어본 경험이 있으실 겁니다. '체화인지'를 실현할 수 있는 방법입니다. 몸이 반응하는 대로 생각이 반응하는 건데요. 감각으로 느낀 것과 정신이 함께 움직일 수 있는 겁니다.

📖 자신감 상승

긍정적인 생각과 자기선언은 자신감을 상승시켜 줍니다. 자 이렇게 생각해 봅시다. 내일의 나는 오늘의 나보다 0.1%는 발전되어 있다고 생각합니다. 자신감의 상승은 자존감이나 자아정체성을 향상할 수 있는 원동력이 됩니다. 내가 바라는 결과를 담아 자기선언을 합니다. 긍정적인 생각을 담아 3~5년 뒤의 나의 모습을 그려봅니다. 말하는 대로 이루어질 것이라는 확신을 가지면 자연스럽게 자신감도 상승될 수 있습니다.

자기선언을 하는 내용을 보이는 곳마다 붙여두는 것도 좋습니다. 보일 때마다 읽어보면서 자극을 받는 거죠. 나를 칭찬하는 말로 자기선언을 하는 것도 좋습니다. 자신감을 상승시킬 수 있거든요. 목적 의식을 가지고 행동을 하면 목표에 다다르지 못하더라도 근처까지 갈 수 있습니다. 전체적으로 자신이 할 수 있는 능력이 향상될 수 있는 거죠.

🗒️ 자기계발의 기본

대부분의 자기계발서들이 공통으로 이야기하는 것이 있습니다. 긍정적인 생각과 감사 일기 쓰기, 긍정 확언하기 등이죠. 하루를 계획성 있게 살고, 일기를 써보면서 자신을 돌아봅니다. 상황마다 감사하는 생각을 하고요. 긍정적으로 생각하고 행동하는 패턴을 되풀이하도록 합니다. 자연스럽게 루틴이 형성되죠. 이러한 습관은 자기계발을 할 수 있는 근원이 됩니다.

긍정적인 생각과 행동은 나를 발전시킵니다. 매순간 나는 의미 있는 존재라고 생각할 수 있도록 합니다. 자기애가 너무 지나친 경우는 사람들의 눈총을 받기도 합니다. 나의 목표에 다른 사람을 위한 방법을 함께 설정해 두는 것이 좋습니다. 자기선언을 통해 이타성을 기반으로 다른 사람과 함께 성장할 수 있기 때문입니다. 공동체 감각은 모든 일을 자신감 있게 할 수 있도록 응원하는 메시지입니다.

아침 루틴을 통해 하루를 맞이하면 좋은 점이 있습니다. 나의 잠재능력을 끌어낼 수 있습니다. 내가 할 수 있는 일은 어떠한 것이 있고, 어떠한 영향력을 가질 수 있는지 확인할 수 있습니다. 자기선언은 긍정적인 생각이 행동으로 나올 수 있도록 하는 근원입니다. 긍정 확언을 통해 미래의 나를 만날 수 있도록 합니다. 조금씩 성장하는 나를 만나면서 이타성을 실현합니다. 긍정적인 자기선언을 하는 이유는 공동체 감각으로 함께 살아갈 수 있는 사회를 만들어낼 수 있기 때문입니다.

2. 공부 습관 쉽게 만들기

1) 학습 동기 유발하기

수업에 들어갈 때 항상 고민하는 것이 있습니다. '수업이 재미없으면 어떻게 하지? 모두 잠들어버리는 건 아닐가?' 하는 생각입니다. 수업을 진행할 때 지루하지 않게 하는 방법이 있듯 수업에 쉽게 몰입할 수 있도록 하는 방법도 알아두면 좋습니다. 처음에는 쉽지 않지만 계속 시도하다 보면 다양한 노하우가 생기게 됩니다.

2) 공부하는 습관 쉽게 만들기

공부하는 습관을 만드는 방법은 여러 가지가 있습니다. 각자의 상황에 맞는 방법을 찾아야 하죠. 제가 제시하는 세 가지 방법은 가장 쉽게 공부하는 습관을 만드는 방법입니다. 공부하는 습관을 만드는 방법이기도 하지만 여러 가지 좋은 습관을 만들 때도 활용하시면 좋습니다. 참고해서 따라 해보시기 바랍니다.

🔖 공부하는 목적 설정하기

공부하는 습관을 만들 때 가장 먼저 할 일이 있습니다. 목적을 찾아야 합니다. 목적을 향해서 달려가야 하거든요. 목적을 달성하기 위해 세부적으로 쪼개서 목표를 설정합니다. 여러 가지 목표로 쪼개서 진행하는 것이 습관을 만들 때 도움이 됩니다. 하나의 목표를 달성할 때마다 성취감을 느낄 수 있습니다. 너무 장기간의 목표를 설정하거나 많은 양의 지식을 습득해야 하는 일을 목표로 설정하는 경우는 쉽게 지치기도 합니다.

예를 들면, 자격증 시험을 보려고 할 때, 자격증이라는 목적을 달성해야 합니다. 공부해야 하는 내용이 10개의 단원으로 구분되어 있습니다. 하나의 단원을 1주간 공부해서 주로 출제되는 요소들에 관한 공부를 합니다. 실기 평가를 한다면 출제될 수 있는 실습 형태에 관한 몸에 익도록 공부를 합니다. 주 단위로 체크를 해보면서 성취감을 느끼는 것이 좋습니다. 이렇게 10주간의 공부를 진행하면서 자격증 취득을 위한 준비를 합니다. 상황에 맞게 변형해서 사용하시기를 추천합니다.

🔖 플래너 작성하기

두 번째 방법은 플래너를 작성하는 겁니다. 설정한 목적의 달성을 위한 준비를 합니다. 플래너를 월 단위로 작성해 보면서 목적에 맞추어 준비합니다. 다시 주 단위로도 작성해보고, 일 단위로 매일 아침에 계획을 세웁니다. 계획을 세우지 않고 대강 이렇게 해야지 하고 진행하는 것은 일의 진척이 되지 않습니다. 계획을 세워서 진행할 때 목표를 약간 느슨하게 하는 것을 추천합니다. 하루에 목표치를 달성하지 못하는 경우도 있거든요. 점심시간 같은 자투리 시간을 비워두는 것도 하나의 방법이고요.

자격증 취득을 예로 들어보겠습니다. 두 달간의 기간 동안 자격증 취득을 위한 준비할 시간이 있다고 생각해 보겠습니다. 바로 직전에 예를 들어 설명한 내용은 10주간의 준비 과정이 필요했잖아요? 2주 정도가 모자란 상황이네요. 이때 2주를 확보하는 방법은 플래너 작성과 목표를 초과 달성하는 전략이 필요합니다. 하루의 목표치를 조금씩 초과 달성하도록 공부를 합니다. 이때에도 성취감을 얻을 수 있습니다. 공부하는 습관을 만들기 좋은 방법이죠.

📔 스마트폰과 멀어지기

세 번째 방법을 알려드립니다. 스마트폰과 멀어지는 겁니다. 간단하다고 생각될 수 있습니다. 그런데 막상 하려고 해보면 쉽지 않습니다. 이미 스마트폰으로 많은 일을 하고 있습니다. 다른 사람들과 소통하는 것을 넘어서 활용되고 있죠. SNS, 친구들과 연락, 날씨 확인, 게임 등 여러 가지 생활에 필요한 정보를 얻다 보니 손에서 떼지 못하기도 합니다. 그렇다고 아예 두고 다니는 건 비효율적이기도 하고요.

스마트폰과 멀어지기 위해서는 어떻게 해야 할까요? 명지대 김익한 교수님이 알려주신 방법을 소개합니다. 특정한 시간에만 스마트폰을 보기로 정합니다. 예를 들면 9시, 12시, 3시, 6시 이렇게 정해진 시간에만 약 10분 정도만 활용하는 겁니다. 정보는 얻되 제한된 시간에만 활용하는 거죠. 거기에 스마트폰 대신 공부해야 하는 책을 들고 다니면서 공부를 합니다. 지식 책이 아니라 쉽게 읽을 수 있는 친근한 책을 들고 다니는 것도 방법입니다. 잠깐 다른 측면에서 세상을 바라볼 수 있는 생각을 할 수 있으니까요.

공부하는 습관을 만들기 위해서는 여러 가지 준비 작업이 필요합니다. 기존의 습관을 좋은 습관으로 바꿔야 하죠. 새로운 습관을 만들기 위해 노력을 합니다. 기존에 잘못된 습관을 가지고 있었다면 새로운 습관으로 변화할 수 있도록 합니다. 처음에는 쉽지 않겠지만 계속된 노력과 끈기는 공부하는 습관을 쉽게 만드는 원동력이 될 것입니다.

3. 계획적이고 전략적 좋은 습관 만들기

1) 다이어리나 플래너 작성하기

연말이나 연초에 많은 사람들이 다이어리를 구입합니다. 다양한 방식의 다이어리가 있죠. 자신의 삶을 계획하고 생활하는 것은 계획성 있게 살아갈 수 있는 방법 중 하나입니다. 다이어리는 공부 계획이나 일기를 작성하는 데 사용하기도 합니다. 플래너를 함께 작성하기도 하고요. 플래너를 작성할 때 어떠한 내용을 집중적으로 사용하는 것이 좋을지 알아보겠습니다.

📖 일과를 3등분하기

플래너를 작성할 때 무작정 작성하나요? 별것 아니지만 전략적으로 작성하는 것이 좋습니다. 저의 경우는 하루의 일과를 오전, 오후, 저녁으로 구분해서 작성합니다. 물론 시간 단위로 쪼개서 작성하는 것도 좋습니다. 플래너를 작성할 때 한 가지 포인트는 80%만 계획하는 겁니다. 혹시 계획과 다른 상황이 발생하더라도 빈 시간에 달성할 수 있도록 하는 거죠. 약간의 여유는 성공할 수 있는 요소가 될 수 있습니다.

하루는 3단위로 나누어서 구분하는 것이 좋은 이유를 알아보겠습니다. 구분한 시간마다 하나의 미션을 나에게 부여하는 겁니다. 미션을 달성하면서 성취감을 맛볼 수도 있고요. 매일 3가지 일을 달성하면서 자신이 발전할 수 있는 계기가 될 수 있습니다. 매일 계획한 일을 하지 못한다고 하더라도 누적되어 생활하다 보면 자신이 변화되는 것을 느끼게 될 수 있습니다.

🖊️ 관계, 일, 생각으로 구분하기

플래너를 작성할 때 관계, 일, 생각을 구분해서 작성하는 것이 좋습니다. 시간순으로만 작성하는 것보다는 훨씬 계획적으로 살아갈 수 있습니다. 다른 사람과의 관계는 어떻게 설정할 것인지 생각해 보고요. 숙제나 다양한 학교생활을 하면서도 마찬가지입니다. 마주하게 되는 모든 일을 예견할 수는 없지만 미리 예상해 보는 것도 좋습니다.

내 생각을 따로 작성하는 것은 자신의 발전에 많은 도움을 줍니다. 내가 어떻게 생각했고, 어떻게 행동할 것인지를 기록해 보는 거죠. 물론 생각한 대로 모든 상황이 전개되지는 않습니다. 예상치 못한 상황이 발생하더라도 슬기롭게 헤쳐나갈 수 있는 바탕이 됩니다. 어떠한 상황이 발생할 것이고 이때 나는 어떻게 행동할 것인지 머릿속으로 그려보는 것도 좋습니다.

📖 저녁에 성찰 일지 작성하기

플래너를 작성할 때 가장 중요한 것은 하루의 일과를 돌아보는 겁니다. 성찰 일지를 작성해 보면서 계획대로 생활했는지 확인해 보고요. 자신을 되돌아보게 됩니다. 계획한 내용에 어떤 부분을 달성했고, 어떤 내용이 미흡했는지 생각해 봅니다. 플래너에 계획한 것을 체크해 보면서 부족한 내용을 기록해 보고, 성공한 내용에는 칭찬해 줍니다.

대부분의 사람들이 자신을 칭찬하는 데 인색합니다. 주변 사람들의 생일에 선물을 사주면서도 노력한 자신에게는 선물을 하지 않는 경우가 대부분입니다. 플래너에 작성한 내용대로 하루하루를 살아가고 성공한 내용이 누적되면 보상을 해주어야 합니다. 하루를 되돌아보고 칭찬해 줍니다. 칭찬한 내용이 누적되면 자신에게 필요한 물건을 구입해서 나에게 선물해주는 의식을 가지는 것도 좋습니다.

사람들마다 다이어리를 구입해서 잘 활용하기도 하고요. 습관이 만들어지지 않으면 며칠 쓰다가 방치하기도 합니다. 내가 생각한 방향과 달라서 기록하지 못하는 경우도 있습니다. 약간의 생각과 방향성을 구분해 두면 활용하는 데 많은 도움이 됩니다. 기록하고, 행동하고, 생각하는 과정에서 성장하는 자신을 만나게 되죠. 자신의 삶의 주인공이 내가 될 수 있는 가장 좋은 방법은 무엇일까요? 플래너를 작성하면서 매일매일 성장하는 자신을 만나는 겁니다.

2) 좋은 습관을 만들기 위해 필요한 조건

'습관이란 게 무서운 거거든….' 으로 시작하는 노래를 들어보셨는지요? 좋은 습관을 만들어두면 정말 무서울 정도로 변화하는 것을 느끼게 됩니다. 자신을 변화시키고 주변 환경을 바꿀 수 있는 힘이 생기기도 합니다. 습관을 만들기 위해서는 루틴을 자동화시켜야 하는데요. 루틴은 의도적으로 설정한 행동을 이야기합니다. 하나씩 실행에 옮기면서 변화를 느끼게 되는 거죠.

📖 목적 설정

목적을 설정하는 것은 가장 기본적인 작업입니다. 목적이 있어야 실행에 옮길 수 있기 때문입니다. 자격증을 취득하거나, 취업을 준비할 때, 시험을 볼 때 계획성 있게 준비할 수 있기 때문입니다. 일상을 살아가면서 어느 정도의 비중으로 시간과 노력을 투자할 것인지에 관하여 설정하는 겁니다. 목적과 목표를 혼동하는 경우도 있는데요. 목적이 조금 상위 개념입니다. 목적을 달성하기 위해 필요한 것이 목표입니다.

목적을 설정한 이후에는 세부적인 계획을 세워줍니다. 목표를 설정하는 거죠. 목표를 하나하나씩 달성해 나가면서 자신을 칭찬해줍니다. 목표를 달성하기 위해 노력하는 자신을 보면서 만족감을 느낄 수 있습니다. 조금씩 성장하는 것을 느끼게 되면서 더욱 발전할 수 있는 원동력이 되는 거죠. 목적을 달성하기 위해 끊임없이 노력하면서 자기계발이 이루어지게 됩니다. 좋은 습관을 만들어야 하는 이유이기도 하고요.

📖 플래너 작성

 계획성 있는 삶을 위해서 가장 중요한 것은 플래너 작성입니다. 연단위, 월 단위, 일 단위의 플래너를 작성해봅니다. 아침에 하루의 일과를 체크해 보고 저녁에 마무리하면서 다시 한 번 하루의 일과를 체크해 봅니다. 체크리스트를 만들어서 계획한 성과를 달성하는 경우에 표시를 해두는 것도 습관을 만들어가는 데 도움이 됩니다.

 하루의 일과를 그려보고 세부적으로 목표를 재설정하는 것도 필요합니다. 목표를 달성하기 위한 과정이 상황에 따라 변화할 수 있기 때문입니다. 하루를 계획성 있게 살아가다 보면 루틴이 자연스럽게 형성이 됩니다. 자연스럽게 진행되는 루틴은 습관으로 변화하게 됩니다. 의도하지 않아도 진행되는 거죠. 좋은 습관을 만들어가려면 플래너를 꼭 작성해보고 성과를 기록해 보시기 바랍니다.

📖 미래의 나를 설정하기

 목적을 설정하고 세부적인 목표를 달성하기 위해 노력하는 나를 확인해 봅니다. 미래의 나는 어떤 사람이 되어 있을지에 관하여 준비하고 고민하면서 살아가는 거죠. 아무런 준비 없이 살아가면 성취하기 어려운 것들이 대부분입니다. 우연이라고 하는 것도 어느 정도 준비된 사람에게 다가오기 마련입니다. 삶을 살아가면서 계획된 우연이 다가올 수 있도록 노력해야 합니다.

 구체적으로 5년 뒤, 10년 뒤의 나를 생각해 봅니다. 미래의 나를 계획하고 방향을 설정하는 것이 중요한 이유가 있습니다. 구체적인 결과를 얻기 위해 노력할 수 있기 때문이죠. 좋은 습관은 하루아침에 만들어지지 않습니다. 설정한 결과를 달성하기 위해 끊임없이 도전하고 계획성 있는 삶을 살아가게 됩니다. 긍정적으로 삶을 준비하고 살아가면서 미래를 준비하는 현재를 살아갈 수 있습니다.

　좋은 습관을 만들기 위해 필요한 조건을 확인해 보았습니다. 습관은 의도적으로 설정한 루틴이 자동화되었을 때 만들어집니다. 목적을 설정하고 세부적인 목표를 달성해봅니다. 하루의 일과를 플래너를 작성해 봅니다. 체크리스트를 만들어보고요. 미래의 나는 어떤 사람이 되어 있을지를 생각해 봅니다. 미래를 준비하는 현재를 살아갈 수 있는 원동력이 됩니다.

제5장

평생학습사회 필요한
메타인지 공부 습관

1. 평생학습사회 필요한 메타인지 공부 습관

공부는 어떻게 하나요? 공부 방법을 설명하려면 자신에게 맞는 공부 방법을 알아야 가능하죠. 메타인지 능력이 필요하기도 하거든요. 메타인지에 관해 설명을 해주긴 했지만 누군가가 알려줄 수 있는 능력일까요? 아닙니다. 스스로 공부하는 과정에서 터득해야 합니다. 앞에서 말한 것처럼 계획을 세우고, 이행하고, 피드백해 보고, 알아가는 공부 내용을 자기화해 보면서 자연스럽게 얻을 수 있습니다. 그 방법들을 정리해 보겠습니다.

🖹 목적 설정

어떤 일을 하더라도 목적이 분명해야 합니다. 자신이 어떠한 공부를 할 것이지 목표를 명확하게 설정해야 합니다. 자신이 스스로 설정하도록 해야죠. 누군가가 시켜서 공부를 한 경험이 있을 겁니다. 머릿속에 들어오지 않을 뿐 오히려 하고자 하는 의지도 사라지게 되잖아요? 부모의 바람을 주입하면 안 됩니다. 자신이 스스로 설정하되 부모님이 방향성을 정해주셔야 합니다.

자녀가 설정해둔 진로, 진학과 관련한 공부를 한다고 하면 필요한 내용을 알려주어야 합니다. 예를 들어, 경제적인 능력을 키우고 싶을 때 해야 하는 공부는 어떤 것인지 알려주는 거죠. 수학 문제 풀이, 주식은 어떠한 원리로 작동하는지 등을 알려주는 겁니다. 구체적인 목적을 설정하고 실천할 수 있는 기반을 마련해 줍니다. 스스로 생각해서 계획할 수 있도록 도움을 줍니다.

📖 목표 세분화

목적을 설정한 이후에 해야 할 일은 무엇일까요? 목적을 달성하기 위해 필요한 것들을 나열해 봅니다. 중요도 순으로 배열하고 각각의 목표로 설정합니다. 이때 주의할 점은 달성 가능한 목표로 잘게 쪼개야 합니다. 목표를 달성하면 성공감을 느낄 수 있잖아요? 계속된 성공감을 느낄 수 있도록 합니다. 성공하지 못하고 실패하는 경우가 지속되면 '학습된 무력감'에 빠질 수 있습니다.

성공감을 느끼는 빈도가 높아지면 자연스럽게 형성되는 능력이 있습니다. 유능감인데요. 자신의 유능하다고 느끼게 됩니다. 이때 학습을 하고자 하는 동기가 형성됩니다. 외부에서 주는 자극이 아닌 자신의 필요에 의한 학습 동기가 만들어지는 거죠. 지속적으로 공부할 수 있는 힘입니다. 영어 공부를 한다고 생각해 봅시다. 어느 정도 수준이 올라오면 '영어 단어 하루 10개씩 외우기' 등의 목표를 설정하고 실행해 보도록 합니다.

🕮 쓰기 & 말하기

공부할 때 가장 중요한 것은 '자기화'입니다. 내가 어떻게 이해했는지 설명해 보거나 글로 적어보면서 자신의 지식 수준을 확인할 수 있습니다. 자신의 목적과 수행 내용을 먼저 기록해 보고요. 목표한 것은 달성했는지도 확인해 봅니다. 일상의 기록과 수행 내용을 기록해 보면 자신의 수준이 어느 정도인지 파악할 수 있습니다. 학습에서 가장 중요한 것은 무엇일까요? 자신의 수준을 파악하는 능력이 매우 중요합니다.

쓰기와 말하기는 OUTPUT의 과정입니다. 내가 공부한 것을 스스로 확인할 수 있는 과정이기도 합니다. 어떤 발표를 할 때 잘 알지 못하는 경우를 생각해 보자고요. 화면에 보이는 글자를 보고 읽어도 다른 사람들이 이해하지 못해서 무슨 말인지 모르는 경우도 있습니다. 누군가에게 공부한 것을 설명해 보는 과정을 통해 정확히 공부가 되었는지 판단할 수 있습니다. 이해한 것만 설명이 가능하거든요.

공부에 활용하는 메타인지 습관을 알아보았습니다. 목적을 설정하고 어떤 것을 공부할 것인지 결정합니다. 이후에 달성 가능한 정도로 목표를 설정하고요. 세분화된 목표를 이행하면서 성공 감광 유능감을 느낄 수 있도록 합니다. 다음에는 쓰기와 말하기를 통해 자신이 이해한 것을 누군가에게 설명해 보도록 하는 거죠. 자신의 능력을 파악할 수 있는 메타인지를 확인할 수 있습니다.

🕮 메타인지능력

메타인지능력이란 자신이 알고 있는 것과 알지 못하는 것을 구분하는 능력을 이야기합니다. SWOT 분석도 진행해보세요. 자녀의 강점과 약점은 무엇인지 확인할 수 있도록 합니다. 기회와 위기 요인 등도 함께 분석해 보도록 합니다. 자신을 얼마나 객관적으로 볼 수 있는지 생각해 볼 수 있습니다. 공부할 때 필요한 지식과 정보를 찾는 데도 도움이 될 수 있습니다.

메타인지 능력은 대인관계 능력을 키우는 데도 도움이 됩니다. 상대방의 생각과 내 생각이 다를 수 있다는 것을 인지하는 능력으로 승화시킬 수 있습니다. 사회성을 키우는 데도 도움이 되고요. 자녀의 생각과 부모의 생각이 다르니까요. 직업과 관련한 관심 분야를 찾고 선택은 스스로 하도록 합니다. 사회가 변화하는 속도가 점점 빨라지고 있습니다. 삶을 살아가면서 적응할 수 있는 능력을 키워주는 것이 좋습니다.

🖎 환경에 적응

미래를 준비할 때 가장 중요한 것은 환경에 적응하는 능력입니다. 주변을 분석해서 상황을 이해할 수 있어야 합니다. 평소에 하지 않던 일들도 해보고요. 다양한 경험을 하는 것이 좋습니다. 생각의 틀을 확장할 수 있기 때문입니다. 스스로 여러 분야를 찾아보고 분석해 보면서 선택할 수 있도록 합니다. 누군가가 자신의 환경을 대신해 줄 수 없기 때문입니다.

변화하는 시대를 맞이하면서 어떻게 하면 잘 준비하고 적응할 수 있을지에 관한 고민도 해봅니다. 변화를 거부할 수 없다면 즐겨야 합니다. 자녀가 살아갈 미래는 부모 세대가 경험한 시대보다 더 빠르고 광범위하게 변화할 겁니다. 다양한 경험이 토대가 되어 생각이 확장될 수 있습니다. 학교 공부뿐만이 아니라 일상에서 얻을 수 있는 삶의 지혜를 습득해야 합니다.

2. 미래 교육과 자기계발

1) 자기계발을 꾸준히 해야 하는 이유

  꾸준한 자기계발을 하는 분들을 쉽게 찾을 수 있습니다. 공부를
할 때 읽기와 듣기만 하면 안 됩니다. 읽기, 듣기한 지식을 자기화해
서 이야기하거나 말할 수 있어야 하죠. INPUT과 OUTPUT의 조화
가 필요합니다. 투입한 것을 자기화한 산출물로 표현할 수 있어야 하
죠. 자기계발을 하는 이유는 무엇일까요? 자기계발을 꾸준히 해야
하는 이유를 알아보겠습니다.

📖 나다움 찾기

  자기계발을 하는 가장 큰 이유는 나다움을 찾을 수 있는 겁니다.
자신이 좋아하는 일을 찾을 수 있고요. 흥미와 관심을 가지고 있는
분야를 찾을 수 있습니다. 자신만의 강점을 표현하면서 삶을 즐겁게

살아갈 수 있는 원동력이 됩니다. 성장은 지식의 성장만을 의미하지 않습니다. 내면의 성장, 생각의 성장도 포함하죠. 나다움을 찾는 것은 이러한 능력의 복합적인 성장으로 확인할 수 있습니다.

나는 어떤 일에 관심을 가지고 있는지 끊임없이 질문하고 답을 찾는 과정을 반복합니다. 이 과정에서 부족한 점을 찾아내는 메타인지적 능력이 발현될 수 있습니다. 내가 필요한 것과 필요하지 않은 정보를 구분할 수 있게 되죠. 새로운 정보를 어떻게 받아들일 것인가에 관한 고민도 하면서 성장하게 됩니다. 진정한 나다움은 어떻게 하면 완성될 수 있는지 찾아가면서 삶을 살아갈 수 있습니다.

📖 사회의 변화

우리가 살아가는 사회는 4차 산업혁명이라고 표현될 만큼 빠르게 변화하고 있습니다. 인공지능(AI) 시대라고도 합니다. 바둑로봇 알파고가 이세돌을 연달아 이길 때 사람들은 믿기 힘든 결과를 받아들여야 했습니다. 지금은 챗GPT, 미드저니 등을 비롯한 생성형 인공지능으로 또 다른 변화를 맞이하고 있습니다. 사람만이 할 수 있는 영역이라고 생각했던 글짓기, 그림 그리기 등을 인공지능이 해주고 있거든요.

학교에서 배운 지식은 일부에 불과하게 되었습니다. 계속 발전하고 있는 사회를 살아가기 위해 필요한 지식을 활용할 수 있는 능력이 강조되고 있죠. 앞으로 나오게 되는 새로운 정보를 어떻게 활용하는 것이 효과적인지에 관한 고민이 필요한 시점입니다. 윤리적으로는 어떤 것이 바람직한지도 함께 고민해 보아야 합니다. 정보를 선별해서 비판적으로 받아들일 수 있도록 해야 합니다.

2) 능력의 향상

자기계발을 하면서 자신의 능력이 향상되는 것을 몸으로 느낄 수 있습니다. 생각이 조금씩 성장하게 되죠. 어제의 나보다 0.1%만 성장해도 누적되다 보면 엄청난 성장이 이루어집니다. 다른 사람들이 느끼기는 쉽지 않습니다. 매일 조금씩 발전하는 거니까요. 문해력도 이러한 방법을 통해 향상될 수 있습니다. 자신이 부족한 영역은 어떤 것이 있는지 파악하고 조금씩 꾸준히 공부해 보세요.

공부를 할 때 새로운 정보는 어떻게 습득하나요? 읽기와 듣기를 반복해야 합니다. 받아들인 정보에 자신의 생각을 덧대어 자기화를 해야 하고요. 자신의 생각으로 이야기하거나 말할 수 있으면 지식을 습득했다고 이야기할 수 있습니다. 공부를 하는 과정이기도 하죠. 이러한 과정에서 생각의 성장이 함께 이루어집니다. 지식과 생각의 성장은 공부를 하는 이유이지 목적입니다.

자기계발을 꾸준히 해야 하는 이유를 살펴보았습니다. 자신이 좋아하는 것을 찾을 수 있고요. 이 과정에서 나다움은 어떠한 것인지 확인할 수 있습니다. 사회가 빠르게 변화하고 있고, 필요한 정보를 선별할 수 있는 능력도 확인할 수 있고요. 지식이나 생각의 성장이 필요한 이유입니다. 어제의 나보다 0.1%씩 성장하는 것을 발견하면서 공부하면서 자기계발을 할 수 있습니다.

3) 자존감을 향상시킬 수 있는 방법

자존감은 자기 자신을 존중하는 힘을 말합니다. 삶은 자신을 사랑하고 가꾸는 과정을 통해 이루어집니다. 비슷한 용어로는 자아존중감이 있습니다. 자신의 능력과 가치를 이야기하죠. 자존감을 높여야 좋지 않은 일이 있어도 상처를 크게 받지 않습니다. '나는 할 수 있다.'라는 자신감을 가지고 살아갈 수 있죠. 자존감을 키우는 방법을 알아보도록 하겠습니다.

📖 관계성

우리 모두는 관계를 맺고 살아갑니다. 관계는 사회를 구성하고 있는 기본적인 단위라고 볼 수 있습니다. 누군가의 인정을 받으면서 자존감이 높아지기도 하고요. 다른 사람의 비난을 들으면 실망을 하기도 합니다. 관계를 통해 내면이 성장할 수 있는 거죠. 사회는 사람들이 모여 구성하고 있습니다. 사회에서 추구하는 가치를 내가 실행에 옮기면서 자존감을 상승시킬 수 있습니다.

자아존중감도 다른 사람과의 관계에서 만들어집니다. 자신의 능력과 가치를 인정받는 거죠. 자기효능감이라는 말도 있습니다. 자신이 어떤 일을 성공적으로 수행할 수 있다는 믿음을 이야기합니다. 능력, 가치, 성공의 기준 등은 모두 사회를 구성하는 사람들과의 약속입니다. 누군가에게 인정받고 싶다면 자존감을 높이기 위해 관계성에 신경 써야 하는 이유입니다.

📖 공부하기

챗GPT 등 생성형 인공지능(AI)으로 변화의 속도가 빨라지고 있습니다. 빅데이터를 기반으로 새로운 정보를 창조해 내는 일을 인공지능이 해냅니다. 사람만이 할 수 있다고 생각했던 영역인 글쓰기뿐만이 아니라 그림도 그려줍니다. 사람이 하던 일을 조금씩 인공지능이 대체하고 있죠. 하루가 다르게 변화하는 정보를 습득해야 합니다. 자존감을 높이기 위해 미래를 준비해야 합니다.

변화를 받아들여야 성장할 수 있습니다. 미래 사회를 준비하기 위해 새로운 정보를 습득하고 공부해야 합니다. 내가 어떠한 일을 할 수 있다는 믿음이나 신념은 갑자기 나타나는 것이 아닙니다. 새로운 것을 공부하고 실천하면서 자신감을 가지고 살아갈 수 있도록 준비해야 합니다. 요즘은 쉽게 자기계발 강의를 접할 수 있습니다. 관련한 정보도 쉽게 얻을 수 있죠. 다양한 정보를 찾아보고 필요한 것은 지식으로 만들어 보세요.

📖 자기계발

자존감을 키우기 위해 해야 할 가장 중요한 일입니다. 자기계발인데요. 자신에게 많은 시간을 투자해야 합니다. 내가 성장하는 만큼 자존감이 향상됩니다. 매일 0.1%씩 성장한다고 생각하고 1년, 2년만 준비해 보세요. 과거의 나와는 전혀 다른 사람이 되어 있을 겁니다. 지속적으로 준비하면 성장하는 자신을 만날 수 있습니다. 객관적으로 자신을 판단할 수 있고요. 계획적이고 전략적으로 살아갈 수 있습니다.

자기계발을 하기 위해 어떤 방법으로 준비해야 할까요? 가능하면 목표는 높게 잡아야 합니다. 기대는 상대적으로 낮추어서 성공할 수 있다는 믿음을 가지는 것이 좋습니다. 성장은 조금씩 진행됩니다. 어느 정도의 생각이 쌓여서 계단식으로 성장하게 되거든요. 시간이 흐르면 최고가 될 수 있다는 믿음을 가지고 조금씩 준비해 보세요. 시간이 흐른 뒤에 전과 후를 비교해 보세요. 자존감이 향상되는 것을 느낄 수 있습니다.

자존감을 키우는 방법을 알아보았습니다. 자아존중감, 자기효능감 등의 비슷한 용어도 살펴보았고요. 사람들과의 관계성은 자존감에도 영향을 미칩니다. 다른 사람과의 관계를 통해 성장할 수 있도록 해야 합니다. 새로운 정보를 받아들이고 공부해야 하는 이유죠. 자기계발을 통해 미래를 조금씩 준비하다 보면 성장한 나를 만날 수 있습니다.

4) 미래 교육을 맞이하기 위해 필요한 조건

한동안 온라인 수업은 앞으로의 교육의 방향을 결정짓는 듯 했습니다. 디지털 세상이 미래교육이라고 생각한 적도 있었습니다. 여기에 아날로그적 감성이 가미되어야 한다는 것을 깨닫게된 기간이가도 했습니다. 사람들은 관계를 형성하고 함께해야 사회적인 능력을 발휘하고 시너지 효과를 낼 수 있다는 것도 알게되었습니다. 미래를 살아가기 위해 우린 어떤 것을 배우고 습득해야 할까요?

📖 자기 주도 학습

자기주도학습은 스스로 학습을 설계하고 진행하는 과정을 말합니다. 고교학점제가 도입되면서 더욱 강조되고 있습니다. 학생들 스스로 진로를 결정하고 필요한 과목을 선택하여 운영할 수 있는 제도입니다. 특성화고와 마이스터고를 시작으로 시행되고 있는 고교학점제는 2025년 인문계고등학교부터 특수목적고등학교까지 모든 고등학교에서 진행될 예정입니다.

자신의 일과를 플래너를 작성하고 실행하는 것도 자기주도학습의 과정으로 생각할 수 있습니다. 계획만 세우는 것이 아니라 실행에 옮기는 실행력이 더욱 강조되고 있습니다. 자신을 스스로 통제하고 움직일 수 있는 힘이 필요한 거죠. 미래를 살아가면서 필요한 역량 중의 하나로 자기주도학습을 강조하는 이유입니다. 변화하는 시대에 계속해서 발맞추어 나갈 수 있도록 끊임없는 노력이 필요합니다.

📖 디지털 윤리 의식

우리는 SNS에서 여러 가지 정보들을 접할 수 있습니다. 이 중에는 사실인 정보도 많지만 그렇지 못한 정보들도 많습니다. 악의적으로 만들어낸 가짜 뉴스도 있죠. 이를 선별적으로 볼 수 있는 시각을 길러야 합니다. 진실인지 거짓인지 판단할 수 있는 힘을 필요로 합니다. 미래 사회를 준비하면서 디지털 윤리 의식도 함께 키워야 하는 이유입니다.

📖 아날로그적 감성

디지털 시대에 아날로그 감성을 이야기하는 이유는 무엇일까요? 사람들과의 관계를 유지하기 위해 필요한 것이 있습니다. 사람들은 감정을 가지고 있거든요. 미래 사회는 디지털 시대임에는 분명합니다. 디지털 시대에도 사람들의 감성이 있어야 합니다. 코로나 19 대유행 시대에 놓쳤던 것들에 관한 기억을 떠올릴 필요가 있습니다. 여러 사람이 모여 소통을 하면서 공감 능력을 습득했습니다. 서로의 의견에 동의하고 공감하며 새로운 창조물을 만들어내기도 했습니다.

사람들과의 유대관계를 형성하는 것은 사회화를 의미합니다. 결국, 관계를 형성하는 것은 누군가의 의견에 공감하고 소통하면서 함께 성장하는 과정입니다. 음식을 먹기 위해 배달 앱을 누르고 주문하면 도착한 음식을 먹는 것은 디지털 세상입니다. 아날로그적 감성에는 음식의 냄새가 있고 사람들의 소통에서 진실함이 묻어나옵니다. 코로나 19는 아날로그적 감성을 잊지 않을 수 있게 해주었습니다.

미래 교육을 맞이하기 위해 필요한 조건을 살펴보았습니다. 자기주도학습의 중요성은 아무리 강조해도 지나치지 않습니다. 스스로 자신의 주관자가 되어 준비하고 실행하는 능력을 배양해야 합니다. 인공지능이나 SNS의 정보를 비판적으로 볼 수 있는 디지털 리터러시, 미디어 리터러시의 힘이 필요합니다. 아날로그적 감성도 기억해야 합니다. 결국, 사람들은 함께 사회를 구성하고 살아가야 하기 때문입니다.

에필로그

🖋 독서할 때만 기록이 필요한 것은 아닙니다. 삶을 살아가면서 경험한 것도 기록으로 남겨둘 필요가 있습니다. 글로 기록하기 어려운 상황이라면 사진으로 찍어두면 됩니다. 나중에 시간이 날 때 사진을 보면서 기억나는 것을 글로 남겨두면 되니까요. 블로그에 포스팅하듯이 말이죠. 누군가에게 보여주지 않더라도 나만 볼 수 있어도 됩니다. 나의 삶을 기록하는 것은 나를 객관적으로 바라보는 방법입니다.

아침에 일어나서 어떤 일부터 해야 할까요? 하루의 일과를 기록합니다. 플래너를 작성하면서 하루의 일과 중에서 가장 중요한 것부터 기록해 봅니다. 물론 이때는 시간순으로 기록합니다. 그중에서 가장 중요한 일을 선택해서 순서를 매겨봅니다. 중요한 일을 할 때 어떻게 전략적으로 접근할 것인지에 관한 생각도 함께 기록합니다. 미리 머릿속으로 시뮬레이션을 해보는거죠. 미래를 맞이할 때 준비할 시간을 가질 수 있습니다. 준비 없이 맞이하는 것보다 수월하게 접근하고 해결할 수 있습니다.

치밀하게 계획한 일이 실제는 다르게 진행되기도 합니다. 삶은 생각대로 되지 않는 경우도 있으니까요. 다양한 경험이 필요한 이유입니다. 삶을 살아가면서 여러 영역에서 다양한 경험을 해보아야 합니다. 어떤 일을 시도해보지도 않고 포기하는 사람들도 있습니다. 어떤 일이건 일단 부딪혀보고 경험해보아야 합니다. 실패를 하던 성공을 하던 나의 경험으로 남으니까요. 현명한 사람은 시도조차 하지 않고 포기해버리는 어리석음을 경험하지 않습니다.

일상을 경험하고 기록하는 것이 어렵게 느껴질 수 있습니다. 이때는 영역을 나누어 구분을 하면 됩니다. 교과서의 과목을 나누듯이 말이죠. 국어, 영어, 수학, 과학 등과 같이 비슷한 영역으로 묶으면 쉽게 기록할 수 있습니다. 하는 일, 사람들과의 관계, 쉼과 놀이 등으로 구분해서 우선순위를 매겨두면 의외로 쉽게 접근이 가능합니다. 이 과정에서 내가 흥미를 가지고 있는 분야를 알 수 있습니다. 어떤 것을 좋아하고 어떻게 살아가는지도 세분화할 수 있게 됩니다.

자기 자신을 객관적으로 파악하기는 어렵습니다. '메타인지'를 반복해서 강조하는 이유이기도 해요. 먼저 나 자신을 정확히 알고 다른 사람을 대해야 합니다. 변화하는 세상을 느낄 수 있어야 합니다. 자신을 객관적으로 볼 수 있는 힘이 길러지게 되니까요. 대부분의 사람들은 주관적일 수밖에 없습니다. 내가 가진 생각과 경험으로 세상을 바라보기 때문이죠. 끊임없이 자기계발을 해야 하는 이유이기도 합니다. 메타인지의 쓸모는 삶의 여러 영역에서 찾을 수 있습니다.

고등학생을 위한 메타인지의 쓸모
- 나를 알고 세상을 배우는 법

펴 낸 날   2025년 2월 7일

지 은 이   김태훈
펴 낸 이   이기성
기획편집   이지희, 서해주, 김정훈
표지디자인 이지희
책임마케팅 강보현, 김성욱
펴 낸 곳   도서출판 생각나눔
출판등록   제 2018-000288호
주   소   경기 고양시 덕양구 청초로 66, 덕은리버워크 B동 1708호, 1709호
전   화   02-325-5100
팩   스   02-325-5101
홈페이지   www.생각나눔.kr
이 메 일   bookmain@think-book.com

• 책값은 표지 뒷면에 표기되어 있습니다.
  ISBN 979-11-7048-825-5(03370)